Wir haben wenig Ahnung davon, welchen Risiken wir tagtäglich ausgesetzt sind. Der Think-Tank-Begründer und Risikoforscher Jakob Thomä nimmt uns mit auf eine spannende Reise zu den größten Gefahren unserer Zeit und erklärt, was uns nachts wirklich wachhalten sollte.

DR. JAKOB THOMÄ, geboren 1989, ist Geschäftsführer und Mitbegründer der *Theia Finance Labs* und diverser Nachhaltigkeitsinitiativen, u.a. *MeinFairMögen*, *PACTA*, *Inevitable Futures* und *2° Investing Initiative*. Zudem lehrt er als Professor in Practice an der SOAS in London. 2022 erschien sein Buch »Der Kill-Score« bei Klett-Cotta. Er lebt in Berlin.

JAKOB THOMÄ

Das kleine Buch der großen Risiken

Von Atombombe bis Zombieapokalypse

*Aus dem Englischen
von Jörn Pinnow*

Klett-Cotta

Klett-Cotta

www.klett-cotta.de

© 2024 by J.G. Cotta'sche Buchhandlung Nachfolger GmbH,
gegr. 1659, Stuttgart

Alle Rechte vorbehalten

Cover: Rothfos & Gabler, Hamburg
unter Verwendung von Abbildungen von Shutterstock/Magicleaf;
Shutterstock/WinWin artlab; Shutterstock/galacticus

Abbildungen Innenteil: Shutterstock/Dav_782; Shutterstock/Martial Red;
Shutterstock/WinWin artlab; Shutterstock/Ilonka K-Art; Shutterstock/Winner
Creative; Shutterstock/WEB-DESIGN; Shutterstock/; Shutterstock/Yuliia
Markova; Shutterstock/Magicleaf; Shutterstock/galacticus

Gesetzt von C.H.Beck.Media.Solutions, Nördlingen

Gedruckt und gebunden von CPI – Clausen & Bosse, Leck

Lektorat: Doreen Fröhlich, Chemnitz

ISBN 978-3-608-96601-5

E-Book ISBN 978-3-608-12323-4

Bibliografische Information der Deutschen Nationalbibliothek
Die Deutsche Nationalbibliothek verzeichnet diese Publikation in der
Deutschen Nationalbibliografie; detaillierte bibliografische Daten
sind im Internet über http://dnb.d-nb.de abrufbar.

INHALT

WIE VIEL ZEIT BLEIBT UNS NOCH?

Diese Frage steht im Mittelpunkt dieses Buches. Indem wir uns im Folgenden mit Atombomben, Künstlicher Intelligenz, dem Klimawandel und Vulkanen, aber auch seltsameren und womöglich unterschätzten Risiken wie Zombies, dem Tag des Jüngsten Gerichts, Außerirdischen, Schwarzen Löchern oder der Matrix beschäftigen, eröffnet dieses Buch Schritt für Schritt den Blick auf das Was, Wie und Warum der großen, existenziellen Risiken für die Menschheit – aber auch auf das »Wann?«, das dabei für uns und unser Fortbestehen eine Schlüsselrolle spielt.

Eine typische Spezies überdauert durchschnittlich ein paar Millionen Jahre auf diesem Planeten. Statistisch gesehen haben wir Menschen also noch etwas Zeit vor uns, je nachdem, ab wann man zu zählen beginnt. Der Homo sapiens ist seit etwas weniger als 300 000 Jahren aktiv. Einige Spezies haben es sogar über Hunderte Millionen Jahre geschafft, hier auf Erden ein Zuhause zu finden: Bienen und Haie soll es schon zu Zeiten der Dinosaurier gegeben haben. Andere wiederum hatten weniger Zeit: Das Wollhaarmammut zum Beispiel schaffte keine 300 000 Jahre. Es gibt eben sowohl die dauerbrennenden Sonnen als auch die verglühenden Kometen – eine Minute lang hell leuchtend, in der nächsten verschwunden.

Die Menschen befinden sich in einer etwas kuriosen Lage auf dieser Erde. Wir können Bücher wie dieses schreiben, das die Risiken für unsere Gesellschaften erkunden und verstehen will und vielleicht etwas dazu beitragen kann, sie abzumildern. Wir verfügen inzwischen über technologische Fähigkeiten, Asteroiden durch gezielten Beschuss von ihrem Kurs abzubringen. Eine solche Maschine hätten die Dinosaurier ziemlich gut gebrauchen können. Aber damit nicht genug: Die Menschheit gedeiht zudem in allen möglichen Lebensräumen, auf Eis, im Sand, auf dem Wasser, an Land. Dadurch steigt unsere Überlebenswahrscheinlichkeit ganz erheblich. Wir empfinden nicht nur – wie vermutlich alles Leben auf Erden – den Drang zu überleben, sondern verfügen in zunehmendem Maße auch über die Möglichkeiten, dieses Überleben für uns zu sichern.

Deshalb wird mein Buch auch keine Horrorgeschichte, bei der einem die Haare zu Berge stehen. (Ein Kapitel beschäftigt sich sogar mit dem »ewigen Leben« – wird diese Enzyklopädie etwa zur Feel-good-Story!?) *Das kleine Buch der großen Risiken* soll vielmehr ein Geigerzähler sein, ein neutraler Kompass in einer Welt voller Gefahren, der in rauer See ebenso unbestechlich nach Norden zeigt wie im friedlichen Hafen. Welche Risiken sind real, welche nicht? Und kann uns die unglaubliche Resilienz des menschlichen Lebens am Ende vor den aufkommenden Bedrohungen retten?

Die Kehrseite der Medaille ist die vergiftete Frucht des technologischen Fortschritts. Viele der Risiken in diesem Buch haben wir selbst zu verantworten – eine technologische Evolution, dank derer wir Waffen entwickeln und einsetzen, die den gesamten Planeten zum Kollaps bringen können. Dazu kommen noch Waffen, die womöglich außer Kontrolle geraten, wie die Künstliche Intelligenz (KI), die in ferner (oder naher) Zukunft möglicherweise ihre Kraft gegen ihre Erschaffer richtet. Die Dinosaurier hatten vielleicht nicht die Mittel, um Asteroiden abzuschießen, doch dafür mussten sie sich auch nicht mit durchdrehenden KI-Robotern oder Nanobots herumschlagen, die die Weltherrschaft übernehmen wollen.

Die von uns entwickelten technologischen Fähigkeiten stellen eine Gefahr für uns alle dar. Jeder von uns trägt aber auch seinen Teil dazu bei, Risiken zu mindern – oder eben zu erhöhen. Deshalb bekommen wir selbst – in Form des kollektiven »Du« – ein eigenes Kapitel. In gewisser Weise spielt das »Du« in (fast) jedem Kapitel eine Rolle. Denn es sind letztlich unsere/deine Taten (oder unsere Untätigkeit im Angesicht der Risiken), die über unsere Zukunft entscheiden. Auf der einen Seite treten wir als Verursacher auf, auf der anderen Seite als Retter in höchster Not.

Die Vielfalt unserer Fähigkeiten sorgt dafür, dass die Welt der großen Risiken ein bunter Garten ist. Zu jedem Risiko gehört ein ganz eigenes Drama, trifft es uns auf der Bandbreite unserer Verletzlichkeit an verschiedenen wunden Punkten. Es geht nicht nur um Umweltrisiken, sondern auch um soziale, politische, technologische und sogar wirtschaftliche, metaphysische oder religiöse Faktoren (man denke an den Tag des Jüngsten Gerichts!).

Während ich an diesem Buch arbeitete, schickten Freunde und Kolleginnen mir fast täglich Artikel zu dem einen oder anderen Thema. »Hast du die Leichen der Außerirdischen gesehen, die im mexikanischen Parlament präsentiert wurden?« »Was hältst du von der neuen Studie über Erdbeben?« »Bricht der Golfstrom wirklich zusammen?« »Sind wir zum Untergang verdammt?«

Wir leben in einer Zeit, in der sich Menschen sehr verletzlich fühlen und in der sie jeden Tag mit Nachrichten über die Vielzahl an Risiken und die Verwundbarkeit des modernen Lebens bombardiert werden. Nicht ohne Grund sind Ausdrücke wie »Polykrise« oder »Dauerkrise« in der politischen Debatte und den Konferenzsälen großer Unternehmen omnipräsent. Der Vorsitzende von Moody's, eine der größten Finanz-Ratingagenturen weltweit und womöglich die wichtigste globale Institution, wenn es um Risikoeinschätzung geht, spricht gar von der »Ära der exponentiellen Risiken«.

Und auch Forscherinnen, die diese Risiken untersuchen, tragen nicht immer dazu bei, dass wir uns beruhigen. Eine kleine Industrie nährt inzwischen die modernen Kassandras, die an jeder Ecke den Weltuntergang ausmachen. Natürlich brauchen wir die Forschung, ohne sie wäre dieses Buch gar nicht möglich. Aber das alte Sprichwort scheint auch hier zu greifen: Ein Hammer sieht nun mal nichts außer Nägeln.

Das Gefühl der Verletzlichkeit wird zum Teil dadurch genährt, dass die Risiken echt und akut sind, zum Teil jedoch auch dadurch, dass wir sie nicht verstehen, ihre Wahrscheinlichkeit nicht einschätzen können, ihre Auswirkungen und unsere Anfälligkeit ihnen gegenüber nicht kennen. Und das ist ebenso gefährlich wie die Risiken selbst.

Daher habe ich dieses Buch geschrieben: um die Risiken besser zu verstehen und den Geistern, die die öffentliche Meinung in Angst und Schrecken versetzen, die Masken abzureißen. Ich wollte verstehen, ob tatsächlich ein Monster unter dem Bett lauert oder nur ein schmutziger alter Pulli. Wie schon erwähnt, auf uns warten ganz gewiss gewaltige Herausforderungen, und zwar nicht *irgendwann*, sondern in nächster Zukunft. Wir können uns ihnen jedoch nicht stellen, wenn wir sie nicht entzaubern, wenn wir nicht verstehen, welche Risiken real sind und welche nicht. Die Welt der großen Risiken zu entmystifizieren, wird uns dabei helfen, sowohl die Bedrohung als auch das Gefühl von Verletzlichkeit und Hilflosigkeit zu mindern.

Auf der Reise durch die Welt der existenziellen Risiken erfahren wir mehr über die Gefahren, die unser Leben bedrohen. Gleichzeitig erkennen wir, dass viele dieser Gefahren nicht direkt unser *Leben* bedrohen, uns als einzelne Menschen mit schlagendem Herzen, sondern vielmehr unser *Zusammenleben*, die Menschheit als globale Gemeinschaft. Daher gibt es kein passenderes Abschlusskapitel als das über Zombies. Was auf den ersten Blick wie ein misslungener Versuch aussehen mag, ein Risiko für den Buchstaben Z zu finden, ist in Wahrheit die bestmögliche Lösung, um dieses Buch zu beenden. Ohne die anderen Risiken abwerten zu wollen, ist es vielleicht das Risiko von Zombies, welches mir am meisten Sorgen bereitet, verhalten wir uns doch teilweise bereits heute wie Zombies, untot, unbeeindruckt, ungerührt, *untätig*, wenn es um die uns bedrohenden Risiken geht. Und selbst wenn wir es schaffen sollten, nicht wie die Zombies aus Horrorfilmen zu enden, so blühen der Menschheit doch einige Risiken, die eine zombieartige Welt entstehen lassen.

Ich weiß aus persönlicher Erfahrung, wie Terrorismus auf den Geist wirkt, wie die Angst von den Gedanken Besitz ergreift, wie lähmend sich diese Angst auf ein konstruktives Engagement in der uns umgebenden gefährlichen Welt auswirken kann. Und auch wenn die militärische Antwort auf den Terror häufig kraftvoll und entschieden ausfällt, so wirkt er doch auf viele paralysierend. Letzten Endes lähmt uns die Angst vor dem Unbekannten, das macht den Terrorismus eben so effektiv.

Ich beobachte ein ähnliches Phänomen bei den Risiken in diesem Buch, vielleicht nirgendwo sonst so ausgeprägt wie beim Thema Klimawandel. Die Furcht vor dem Klimawandel – um einmal das wahrscheinlich am besten untersuchte und verstandene große Risiko anzuführen – hat inzwischen sogar seinen eigenen Namen: Öko-Furcht (oder Eco Anxiety). Immer mehr Menschen geben im Anbetracht der Klimakrise die Hoffnung auf. Wenn es sowieso kein richtiges Leben im falschen gibt, dann kann man es auch ganz lassen, so das Motto.

Wir agieren auf dieser Welt nicht wie Pippi Langstrumpf, wir machen sie nicht, wie sie uns gefällt. Aber Defätismus ist ebenso fehl am Platz. Auf den folgenden Seiten wird, von A bis Z, jedes Kapitel auf die gleiche Weise beginnen: mit der Beschreibung des Risikos in einem Satz und einer Einschätzung, ob wir uns darüber Sorgen machen müssen. Enden sollen die Kapitel stets mit einem Vorschlag, was wir nun tun können und, falls möglich, auch mit einem Hinweis, wie wir einer Gefahr entgegentreten und sie abmildern können, damit wir ein gesundes Verhältnis zu ihr entwickeln. Schließlich sind nicht alle in diesem Buch erkundeten Risiken es wert, sich den Nachtschlaf von ihnen rauben zu lassen (so steht zum Beispiel – ohne die Pointe vorwegnehmen zu wollen – nicht unmittelbar zu befürchten, dass die Erde von einem Schwarzen Loch verschluckt wird).

Auf der anderen Seite sind Dinge wie Hitze und Klimawandel, Geoengineering, Massenvernichtungswaffen, Supervulkane oder Künstliche Intelligenz wirklich »große Risiken«, die die moderne Gesellschaft vor existenzielle Herausforderungen stellen. Doch so, wie eine Kakerlake einen nuklearen Winter überstehen kann, oder (um uns mit etwas erhabeneren Wesen zu vergleichen) der majestätische Löwe in der Savanne, der Elefant im indischen Dschungel, der Kaiserpinguin in der frostigen Antarktis, so verspüren auch wir einen tief verwurzelten Drang zum Leben! Und zwar nicht nur den evolutionären Drang zum Überleben, sondern einen Drang zu gedeihen!

Dieser Drang eröffnet uns die Chance zur Rettung. Das allein jedoch hilft nichts, solange wir nicht aktiv werden, solange wir untätig bleiben. Wir müssen diesen Drang in Handeln übersetzen. Denn wenn es um die entscheidende Frage geht – wie viel Zeit uns noch bleibt –, dann hängt die Antwort von uns selbst ab …

ATOMBOMBE

DAS RISIKO IN EINEM SATZ: Die schier unbegrenzte Energie, die bei der Spaltung oder Fusion von Atomen nutzbar gemacht werden kann, löst entweder eine unkontrollierbare Kettenreaktion aus, die unseren Planeten zerstört, oder wird für eine Waffe genutzt, die Zivilisationen auslöscht.

MUSS ICH MIR SORGEN MACHEN? Natürlich muss es im ersten Kapitel heiß hergehen. Wobei Panikmache unangebracht erscheint. Nach dem derzeitigen Wissensstand in der Physik ist eine von Menschenhand ausgelöste unkontrollierbare (im Gegensatz zu einer kontrollierten) Kettenreaktion, die sich auf die ganze Welt auswirkt, faktisch unmöglich. Dass jemand im Laufe der nächsten 1000 Jahre einen Atombombenkrieg anzettelt, ist deutlich wahrscheinlicher. Und wer weiß, wie dann unsere Welt darauf reagiert?

In diesem Buch wird es um große und kleine Dinge gehen. Von riesigen planetenzerstörenden Asteroiden mit mehreren 100 Kilometern Durchmesser bis hin zu winzigen Nanorobotern, die sich selbst replizierende Maschinen bauen und unseren Planeten in »Graue Schmiere« verwandeln. Doch nichts illustriert die Macht des Kleinen so treffend wie die in einem Atom gespeicherte Energie. Ein Milligramm Materie, das Äquivalent einer kleinen Schneeflocke oder eines großen Sandkorns, speichert das Fünffache der Energie, die ein Deutscher in einem Jahr durchschnittlich verbraucht. Wer seine Hand durch den Schnee oder Sand streifen lässt, berührt und spürt die Energie eines Landes, ja, eines ganzen Kontinents. Zwei Handvoll Sandkörner beinhalten genug Energie, um den Jahresverbrauch einer Kleinstadt zu decken. Undenkbar viel Energie. Und undenkbar viel Macht und Zerstörungskraft.

Die über Hiroshima abgeworfene Atombombe wog mehr als 64 Kilogramm und hieß seltsamerweise »Little Boy«, doch die Energie der Explosion kam aus nur einem halben Gramm Material, das Gewicht eines Schmetterlings. Von dieser Katastrophe rührt die Angst vor dem Atom, vor der Atomenergie, der Atombombe. Kein potenziell existenzielles Risiko bereitet die Bühne besser vor für diese Aufführung unserer großen Risiken als der kleinste Grundbaustein aller Materie und damit auch allen modernen Lebens: das Atom.

Unweigerlich müssen wir beim Thema Atombombe mit der wohl berühmtesten Formel der Welt anfangen: $E = mc^2$. Energie ist gleich Masse mal Lichtgeschwindigkeit im Quadrat. Diese Gleichung macht intuitiv klar, warum kleine Dinge derart viel Energie speichern: Wenn die kleinste Masse mit dem Quadrat der Lichtgeschwindigkeit multipliziert wird, ergibt sich immer noch eine gewaltige Zahl. Daran wird direkt deutlich, warum Atomkraft so viel stärker wirkt als fossile Energieträger. Fossile Brennstoffe setzen Energie durch ihre ungepaarten Elektronen in der äußeren Schale des Atoms frei. Atomenergie entsteht durch das Aufspalten des Atom*kerns* – wir reden also vom Unterschied zwischen dem Abhacken eines Astes fürs Feuerholz und dem Roden eines ganzen Waldes. Deswegen benötigen wir auch deutlich weniger Materie für die Gewinnung von Atomenergie als bei den fossilen Brennstoffen. Wir spalten keine Atome, wenn wir fossile Energieträger verbrennen. Sie sind wie eine Prise geriebener Zitronenschale, sie gehen nicht an den Kern.

Nun ist es glücklicherweise so, dass die Atomspaltung nicht mal so nebenbei zu bewerkstelligen ist. Deshalb zählen wir nur zwei Atombombenabwürfe (Atomtests ausgenommen), zwei (oder drei) große Atomunfälle in Reaktoren und eine Handvoll Beinahunfälle als Gesamtschaden, den diese Technologie über die Menschheit gebracht hat.* Vergleicht man diese Kosten mit dem Wohlstand, den die Atomenergie als kohlenstoffarme Energiequelle ebenfalls ermöglichte, wird klar, dass auch diese Medaille zwei Seiten hat. Einige Experten vertreten gar die Meinung, die Atombombe habe während des Kalten Kriegs über das »Gleichgewicht des Schreckens« zu weniger militärischen Auseinandersetzungen geführt. Und doch: Die Angst bleibt, dass das Atom und die gesteuerte oder ungesteuerte Energie, die es freisetzen kann, zu unserem Untergang führen wird.

Wie sollte das möglich sein? Nun, die Energie eines Atoms wird in einem Prozess freigesetzt, bei dem man ein schweres Atom mit einem langsamen Neutron beschießt, um den Atomkern aufzuspalten. Am besten gelingt das bei instabi-

---

* Ich vernachlässige hier die indirekten Kosten aus dem Uranbergbau oder die politischen Konflikte und sogar die Frage, inwieweit es die Stellung als Atommacht dem nordkoreanischen Regime wohl erlaubt hat, sich an der Macht zu halten. Und wie gesagt, ebenso die Schäden an Mensch und Natur, die Atomtests verursacht haben.

len Atomen wie Uran oder Plutonium. Da ein Atom, wie schon erwähnt, deutlich weniger als ein Milligramm wiegt, ist seine Energie nur dann für uns wirklich nutzbar, wenn der Beschuss eine (kontrollierte) Kernspaltungskettenreaktion auslöst. Und genau hier lag die Hauptsorge der Wissenschaftler, die ab den 1940er Jahren in Los Alamos (USA) an der ersten Atombombe arbeiteten: dass nämlich als unkontrollierbarer Teil der Atombombenexplosion eine Kettenreaktion auf den Stickstoff und Wasserstoff in unserer Atmosphäre überspringen könnte, was einen Weltenbrand auslösen und für das Verglühen unseres gesamten Planeten sorgen würde. Worüber man sich im Berufsalltag nun mal so Sorgen macht.

Heute steht fest, dass derartige unkontrollierbare Reaktionen im Grunde unmöglich sind, setzen sie doch Temperaturen voraus, die denen im Inneren der Sonne entsprechen (und das wissen wir nicht zuletzt deshalb, weil die Sonne genau das ist: eine einzige unaufhaltsame Kettenreaktion). Wir würden also unseren Planeten in einen Stern verwandeln.

Dabei müssen wir die Welt nicht einmal durch eine unkontrollierbare Kettenreaktion in Brand stecken, um uns die Auswirkungen von Atombomben auszumalen. Bleiben wir bei der Vorstellung, alle existierenden Atombomben gleichzeitig zu zünden. Derzeit lagern Militärs rund 12 000 Stück davon, und sie alle auf einmal zur Explosion zu bringen würde ausreichen, jede Stadt einer gewissen Größe (über 100 000 Einwohner) auf der Welt auszuradieren – es würden dann sogar noch einige Bomben übrigbleiben. Milliarden Tote und ein nuklearer Winter wären die Folge. Man vermag sich die moderne Zivilisation nach einem solchen Ereignis kaum mehr vorzustellen. Faszinierend ist allerdings die Tatsache, dass diese Explosionskräfte immer noch winzig wären im Vergleich zu jenem Asteroiden, der die Dinosaurier auf dem Gewissen hat.

Natürlich kann man sich solch einen Atomkrieg nur in einer Welt vorstellen, in der politische Macht außer Kontrolle geraten ist, womit unsere Probleme nicht mehr allein auf Atomwaffen beschränkt blieben. Es lässt sich vernünftigerweise annehmen, dass bestimmte Kräfte einschreiten würden, bevor es zu einer derartigen Eskalation käme. Falls das nicht gelänge, dürfte die sich ausbreitende Anarchie in diesem Szenario mindestens so zerstörerisch sein wie die Atomwaffen selbst. Ein unbeschränkter Krieg zwischen Atommächten wäre Ausdruck einer ungeheuren Verrohung der Sitten.

Als ich eben von Atomenergie und der Spaltung von Atomen sprach, habe ich ein wenig geschummelt. Die meisten von uns gehen davon aus, dass eine Atombombe genauso funktioniert, dabei haben moderne Kernwaffen (oder Wasserstoffbomben) nichts mit der Spaltung von Atomkernen zu tun, sondern mit der Fusion von Atomen. Während Fissionsbomben (also Bomben, die über die Spaltung von Atomkernen funktionieren) einen Explosionsgrenzwert besitzen, da es nicht so einfach ist, einen Haufen kritischer Masse (also das Mindestvolumen an Masse, um eine Kettenreaktion zu ermöglichen) an einem Ort unterzubringen, haben Fusionsbomben (also Wasserstoffbomben beziehungsweise Bomben, bei denen es zur Verschmelzung von Atomkernen kommt) keine uns bekannte Explosionsobergrenze. Die größte jemals getestete Nuklearbombe – die sogenannte Zar-Bombe – erzeugte 1961 einen Feuerballradius von etwa 3,5 Kilometern. Oder anders ausgedrückt: Diese Wasserstoffbombe war über 1000 Mal stärker als die Bomben auf Hiroshima und Nagasaki zusammen (!) und zehnmal stärker als der gesamte Vorrat konventioneller Bomben, die während des Zweiten Weltkriegs explodierten.

Entscheidend aber war: Die Zar-Bombe war so verändert worden, dass der radioaktive Niederschlag (»Fallout«) um 50 Prozent reduziert wurde. Wäre sie wie die Weltkriegsbomben konstruiert worden, hätte sie die doppelte Zerstörungskraft entfaltet.

Es leuchtet nicht ein, *warum* man Bomben dieser Größe, oder gar ein Vielfaches davon, bauen sollte, um militärische oder sicherheitspolitische Ziele zu erreichen. Dass die Vereinigten Staaten ihre Atomtests bei 15 Megatonnen mit dem Castle-Bravo-Test (der knapp ein Drittel der Sprengkraft der Zar-Bombe hatte) beendeten, war also durchaus »vernünftig«. Wollen wir uns jedoch wirklich auf die Vernunft der Menschen verlassen? Es ist nicht so, dass – wie Willy Wonka uns in *Charlie und die Schokoladenfabrik* wissen lässt – nur Mister Wonka »unreasonable« ist, unvernünftig also. Wir sind es alle (und haben ja auch ein ganzes Kapitel hierfür reserviert, »Du«). Wir haben erst kürzlich gelernt, mit Waffen dieser Größe umzugehen. Noch ist Zeit, unvernünftig zu sein.

Eine scheinbar unvernünftige Eigenschaft der modernen Gesellschaft ist es, das von Fusionsbomben ausgehende zivilisatorische Risiko mit Atom- und Fusionsenergie in einen Topf zu werfen. Denn mit der zivilen Nutzung von Kernfusionsenergie – an deren Nutzung derzeit geforscht wird und die uns mit grenzenloser Energie versorgen könnte – geht im Grunde gar kein Risiko einher. Da man für die Erzeugung von Fusionsenergie nur winzige Mengen Materie benötigt und dieses Material auch ständig gefüttert werden muss, würde jeder Systemausfall in einem Fusionskraftwerk fast augenblicklich aufgefangen werden. Das ist der Unterschied zum herkömmlichen Atomkraftwerk, in dem unverbrauchtes Brennmaterial – wie in Tschernobyl – noch Jahrzehnte später radioaktiv strahlt.

Atomenergie kann Angst machen. Aber weder stellte sie in der Vergangenheit ein zivilisatorisches Risiko dar noch wird sie in der Zukunft eines sein. Obgleich es wahrscheinlich wieder zu Unfällen in Atomkraftwerken kommen wird, gibt es bisher (zumindest relativ zu den anderen in diesem Buch verhandelten Risiken) kein signifikantes Todesrisiko aufgrund früherer Katastrophen. Was nicht heißt, dass sich eine Gesellschaft nicht dafür entscheiden kann, das Risiko von Atomkraftwerken nicht tragen zu wollen. Dies ist jedoch eine politische, keine wissenschaftliche Entscheidung. Aus der Perspektive des zivilisatorischen Risikos ist die Erfolgsbilanz der Kernenergie – zumindest bis heute – eindeutig.

Die Diskussion über Fusionsenergie wiederum führt uns unweigerlich zurück zur imaginären Medaille, an deren zwei Seiten sich das Gute und das Schlechte in dieser Welt zeigt. Fusionsenergie ist die einzige menschengemachte Technologie, mit der sich unser gesamter Planet vollständig zerstören ließe (die Super-Intelligenz vermag es vielleicht irgendwann auch, ist uns aber nur in der Theorie, nicht in der Praxis bekannt). Doch die aus der Kernfusion gewonnene Energie dürfte, sobald sie genutzt werden kann, fast von ganz allein die drohende Klimakatastrophe abwenden. Die im Erfolgsfall unbegrenzt zur Verfügung stehende Energie könnte zu sehr, sehr, sehr geringen Kosten die Versorgung von Heizungen, Beleuchtung, Mobilität und vielem mehr sichern, und zwar ohne CO_2-Ausstoß. Sie könnte sogar all jene technologiebasierten Lösungen antreiben, mit denen wir der Atmosphäre CO_2 entziehen, und somit die globale Erwärmung umkehren. Im weiteren Verlauf dieses Buches wird noch deutlich werden, dass Kernfusionsenergie einige ziemlich irre Technologien ermöglichen könnte (siehe etwa »M – Matrix«). Aber natürlich ist eines der Hauptargumente gegen Kernenergie nicht nur das Risiko, das sie selbst darstellt, sondern eben auch, dass sie Einstiegsdroge für Atomwaffen ist.

Klar, der beste Weg, dieses Risiko zu verringern, wäre es, auf dem Verhandlungsweg eine Welt ohne Atomwaffen zu schaffen (steile These!). Aber im Ernst, wir sollten uns bemühen, das Zerstörungspotenzial zu verringern. Für eine weniger gefährliche Welt zu kämpfen, lohnt sich immer.

Aus diesem Kapitel ließen sich gut und gern auch drei oder vier machen, so viele Themen werden hier verhandelt. Also noch mal zusammenfassend: Atomenergie (über Fusion oder Spaltung) stellt keine zivilisatorische Gefahr dar. So viel wir wissen, stellt sie auch keine signifikante Bedrohung für die Sterblichkeit oder globale Gesundheit dar (obwohl sie natürlich bei Unfällen Auswirkungen auf die Gesundheit der Menschen vor Ort hat). Die bisher existierenden Atombomben können alle Großstädte der Welt vernichten. Fusionsbomben (oder Wasserstoffbomben) können theoretisch ganze Regionen oder Länder auslöschen und, sobald sie ausreichend groß sind, den gesamten Planeten zerstören. Wer an die grundsätzliche Vernunft der Menschheit glaubt, geht davon aus, dass wir diesen Weg nie beschreiten werden (und muss sich zudem mit Willy Wonka auseinandersetzen, der trotz seines lustigen Aufzugs doch auch ziemlich fies sein kann). Allerdings ist die Geschichte dieser Waffe in der Geschichte der Menschheit nur ein winziger Augenblick, und der Gedanke, was ein unvernünftiges Morgen für den Einsatz dieser Waffen bedeuten mag, bleibt eine beängstigende Vorstellung. Allein schon deshalb, weil uns die Macht in der Masse eines Sandkorns bis an das Ende der Geschichte in Atem halten wird.

BEVÖLKERUNGSKOLLAPS

DAS RISIKO IN EINEM SATZ: Der Geburtenkollaps führt im Verlauf dieses Jahrhunderts zu einem dramatischen Bevölkerungsrückgang mit möglicherweise gefährlichen Konsequenzen für den wirtschaftlichen Wohlstand, den Kapitalismus und den Gesellschaftsvertrag zwischen den Generationen (ein Gegenbild des »Ewigen Lebens« gemäß Kapitel »E«).

MUSS ICH MIR SORGEN MACHEN? Dass es in irgendeiner Form so weit kommt, scheint unausweichlich zu sein, obgleich die UN in ihren Vorhersagen noch immer von einem Bevölkerungswachstum ausgehen. Früher oder später wird der westliche Trend des Geburtenrückgangs global um sich greifen. Die Frage ist natürlich, wie lange das dauert und wie schlimm es werden wird. Die Welt geht nicht gleich unter, so viel steht fest.

Journalisten lieben verrückte Wissenschaftsgeschichten. Normalerweise verwöhnen Reporterinnen uns mit der neuesten Erkenntnis, welches Lebensmittel Krebs auslöst oder verhindert. Es gibt sogar eine Metastudie aller Krebsstudien, die – wie zu erwarten war – zu dem Schluss kommt, dass alles, was wir essen, Krebs zugleich verursacht als auch vor ihm schützt. Dabei möchte ich nicht die Wissenschaft insgesamt schlechtreden, aber natürlich sind bestimmte Ergebnisse mit Vorsicht zu genießen. Bei mir persönlich lösen Artikel mit der Einleitung »Eine neue Untersuchung hat ergeben …« eine Reaktion aus, wie ich sie auch bei einem Berliner Yuppie im Berghain erwarte, dem man sonntagmorgens um 11 Uhr die angesagteste Modedroge anbietet. Mich überkommt ein Jucken, dem ich nachgeben muss – und ich klicke auf den dazugehörigen Link. Man darf vielleicht nicht jeder Studie glauben, die durch den deutschen Blätterwald gejagt wird. Doch um den Autor F. Scott Fitzgerald zu zitieren: »Erst nimmst du dir einen Drink, dann nimmt der Drink einen Drink, dann nimmt der Drink dich.« Genau das trifft auch auf verrückte Wissenschaftsgeschichten und mich zu. Und auf die Geschichten in diesem Kapitel.

Als ich also 2021 einen unscheinbaren Link über die Bevölkerungsentwicklung in China anklickte – was mir nicht schwerfiel, da ich ein Jahrzehnt zuvor für ein Jahr im Reich der Mitte gelebt hatte –, machte ich mich bereit, dem Juckreiz erneut nachzugeben, ihn vielleicht sogar zu stillen. Doch diese Studie war anders. Es war eine, die ich nicht so einfach abtun konnte. Professor Quanbao Jiang von der Xi'an Jiatong Universität und seine Kolleginnen prognostizierten, dass sich die chinesische Bevölkerung bis 2050 halbieren könnte. Für all jene, die jetzt zu rechnen beginnen: Wir sprechen von einem Rückgang um 700 Millionen Menschen, knapp einem Zehntel der heutigen Weltbevölkerung. Das ist die Geschichte vom Bevölkerungskollaps. Etwas weniger drastische Studien gehen davon aus, dass diese Halbierung bis zum Jahr 2100 dauert. Zugegeben, das ist doch etwas mehr Zeit, bedeutet aber noch immer eine dramatisch veränderte Welt.

Überhaupt mag dieses Kapitel einige Leser überraschen. Glaubt man den Google-Trends, dann wird online rund dreißigmal häufiger nach »Überbevölkerung« gesucht als nach »Bevölkerungsrückgang«. Die Sorge um eine Überbevölkerung ist ein Klassiker, und die meisten dürften über Thomas Malthus und die Malthusianische Katastrophe zum ersten Mal davon gehört haben. Hätte Malthus dieses Buch hier geschrieben, hätte er unter »B« statt vom Bevölkerungskollaps vom Bevölkerungswachstum gesprochen.

In seinem 1798 erschienenen *Essay on the Principle of Population* (auf Deutsch: *Das Bevölkerungsgesetz*) behauptete der britische Ökonom Malthus, dass das Bevölkerungswachstum die Steigerung der Lebensmittelproduktion übertreffen und die Menschheit an Hunger und Verelendung leiden werde. Obgleich sowohl die Geschichte selbst als auch viele von Malthus' Kritikern, darunter Friedrich Engels, seine Theorie verworfen haben, blieb die Sorge vor einer Überbevölkerung akut. Ein 1972 verfasstes Äquivalent zum Malthusianischen Szenario war dann der Bericht über die *Limits to Growth* (*Grenzen des Wachstums*) des Club of Rome, welcher zu ähnlichen Schlussfolgerungen kommt wie Malthus, wenn auch unter einem breiteren ökologischen und sozialen Gesichtspunkt. Die populärwissenschaftliche Version dieser Idee lieferte Paul R. Ehrlich in den 1960er Jahren mit seinem Buch *The Population Bomb* (1971 auf Deutsch als *Die Bevölkerungsbombe* erschienen). Ehrlich sagt darin voraus, dass die maximale Grenze der Erdbevölkerung bei einer Milliarde Menschen liege und die Lage sich derart zuspitzen werde, dass man Indien in Zonen einteilen müsse, von denen einige »gerettet« werden könnten, während man andere dem massenhaften Hungertod überlassen müsse. Nur wenige Menschen haben sich bei der Vorhersage der Zukunft derart getäuscht wie er, was aber nichts daran ändert, dass Ehrlich weiterhin regelmäßig für das amerikanische Fernsehen interviewt wird. Die US-Amerikaner lieben Verrückte.

Dabei geht es in diesem Kapitel gar nicht um die Überbevölkerung. Ich beziehe mich auf diesen Kontext, um darauf hinzuweisen, dass Überlegungen zum Fruchtbarkeits- oder Bevölkerungskollaps in unserer modernen Gesellschaft etwas völlig Neues sind. Der einzig mögliche historische Referenzpunkt wäre die Pest, die – über einen Zeitraum von fünf Jahren – zwischen einem Drittel und der Hälfte der europäischen Bevölkerung sowie einen etwas geringeren Anteil der Weltbevölkerung dahinraffte. Das war im 14. Jahrhundert. Die moderne Wirtschaft musste zwar punktuell starke Einbußen bei der Bevölkerung hinnehmen, so hatte etwa die Große Hungersnot die irische Bevölkerung Mitte des 19. Jahrhunderts um etwa ein Fünftel verringert, doch im Großen und Ganzen sprechen wir beim Bevölkerungskollaps von einer ganz anderen Größenordnung. Also nicht von örtlich begrenzten Katastrophen, sondern von einer weltweiten Transformation. Entscheidend ist, dass es sich bei all den historischen Beispielen nie um langfristige Erschütterungen handelte; die Bevölkerungszahlen erholten sich immer wieder. Und wo sie es nicht taten, blieb der Rückgang typischerweise überschaubar. Russlands Einwohnerzahl liegt noch immer rund vier Millionen unter dem Stand des Jahres 1990, doch insgesamt betrachtet sind solche Dynamiken ein Rauschen in der Statistik, keine entscheidenden Daten.

Wie also muss man sich diesen Bevölkerungskollaps vorstellen? Die Prognose der Bevölkerungsabteilung der Vereinten Nationen geht nach wie vor von einem Wachstum der Weltbevölkerung auf etwa 10,9 Milliarden Menschen bis zum Ende des Jahrhunderts aus. Damit würden noch mehr Menschen auf der Erde leben als derzeit (beim Verfassen des Buches lag die Zahl bei knapp über acht Milliarden). Um es noch einmal zu betonen: Das sind deutlich mehr Menschen als heute. Wir hören nicht umsonst die Warnungen vor einer Überbevölkerung, vor allem aus der Umweltbewegung. Noch weitere zwei Milliarden Menschen sind keine kleine Herausforderung bei der Bewältigung der Klimakrise.

Und nun mischen sich auch neue Wettbewerber ein. Das europäische Centre of Expertise on Population and Migration (CEPAM) mit Sitz in Wien setzt die Weltbevölkerung am Ende dieses Jahrhunderts bei knapp unter zehn Milliarden an.

Das Institute for Health Metrics and Evaluation (IHME) an der University of Washington hat im Vergleich zu den beiden anderen die drastischste Vorhersage getroffen: Obgleich die Bevölkerung 2100 größer sein wird als heute, wird sie ihr Maximum doch bereits im Jahr 2064 erreicht haben und dann um eine Milliarde zurückgehen. Diese Arbeit, finanziert von der Bill & Melinda Gates Foundation, rief zwar durchaus Kritiker auf den Plan, doch spätestens seit der Covid-19-Pandemie ist das IHME bei den Themen Gesundheit und Tod zu einer bekannten Adresse geworden.

Diese drei führenden Institute sind sich einig, dass der Bevölkerungsschwund kein Grund zur Sorge sei, zumindest noch nicht in diesem Jahrhundert. Doch in diesem kleinen Buch sind wir nicht nur an den zentralen Aussagen, den Basisdaten, dem *business as usual* interessiert. Das IHME hat nämlich zudem ein Szenario in Hinblick auf die Erfüllung der UN-Agenda 2030 für nachhaltige Entwicklung veröffentlicht, bei dem die Bevölkerung auf etwa sechs Milliarden Menschen im Jahr 2100 fällt, also um rund 25 Prozent zurückgeht. Auch diese Prognose arbeitet mit einer großen Bandbreite an Informationen, die im Extremfall einen Rückgang der Bevölkerungszahl auf etwa vier Milliarden bis zum Jahr 2100 vorsieht.

Die Dynamik des Bevölkerungsrückgangs lässt sich auf lokaler Ebene bereits jetzt beobachten. Südkoreas Geburtenrate liegt zum Beispiel bei 0,78 Kindern pro Frau, das heißt, im Schnitt bleibt fast jede dritte Frau kinderlos. Allein im Jahr 2022 ging die südkoreanische Bevölkerung um mehr als 100 000 Menschen zurück. Bei dieser Geburtenrate, der niedrigsten der ganzen Welt, liegt die Überlegung nahe, ob Südkorea womöglich nur der Vorbote dessen ist, was die Industrieländer überall auf der Welt insgesamt zu spüren bekommen könnten. Die Bevölkerung halbierte sich und halbierte sich dann noch einmal, innerhalb weniger Generationen! In Deutschland ist 2022 die Bevölkerung um über 1 Millionen Menschen gewachsen. Aber gleichzeitig gab es über 300 000 mehr Tote als Geburten. Einwanderung macht es möglich. Ohne Einwanderung wäre jedoch auch Deutschland schon längst auf dem Weg des Bevölkerungskollaps.

Wir haben bislang die Gründe für diesen Geburtenrückgang außen vor gelassen, dabei liegen sie auf der Hand. Man denkt an den hohen Bildungsstandard, die Fortschritte bei der Verhütung, die wachsende Individualisierung und den Rückzug der Religionen. Womöglich spielen zudem sekundäre Faktoren eine Rolle: Senken die Klimakrise, Kriege, Plastik- und Luftverschmutzung sowie Konflikte die Fruchtbarkeit beziehungsweise die Lust, Kinder zu bekommen? Wie bei Risiken so üblich, lassen sich bei ihnen zwiebelartig immer weitere Schichten für tiefergehende Erklärungen abziehen. Insbesondere die Entwicklung der Unfruchtbarkeit erscheint besorgniserregend, da einige Studien von einem 50-prozentigen Rückgang der Spermienanzahl in den letzten 50 Jahren sprechen. Später im Buch ist ein ganzes Kapitel dem Niedergang des Y-Chromosoms gewidmet.

Wie sieht also die Zusammenfassung aus? Einige weltweit angesehene Forscherinnen haben Szenarien entwickelt, wonach sich die Weltbevölkerung bis zum Ende des Jahrhunderts halbieren könnte. Na und? Was heißt das jetzt für uns?

Die Antwort bleibt leider diffus, es ist enorm schwierig, sich ein Phänomen vorzustellen, das es in dieser Form noch nie gegeben hat – zumindest nicht in einer »modernen« kapitalistischen Gesellschaft. Der kanadische Journalist John Ibbitson und der Meinungsforscher Darrell Bricker schrieben 2019 ein Buch mit dem Titel *Empty Planet. The Shock of Global Population Decline* (nicht auf Deutsch erschienen) und untersuchten darin, wie eine solche Zukunft aussehen könnte.

Einige Konsequenzen sind relativ eindeutig und schon jetzt sichtbar. Eine Gesellschaft ohne Kinder überaltert, sie kann den (immer länger werdenden) Lebensabend der älteren Generation nicht mehr finanzieren durch die Arbeit der jüngeren Generation. Aber wer darauf spekuliert, dass Rentensysteme erfolgreicher sein werden, in denen man selbst seine Rente erspart, der überlege, welchen Wert diese (Finanz-)Anlagen in einer möglicherweise kleineren Volkswirtschaft haben werden. Das im Westen bereits arg gebeutelte Gesundheits- und Rentensystem basiert auch auf der

Zunahme des Anlagevermögens und einer stabilen Bevölkerungszahl. Die Aussicht, dass beide zurückgehen dürften, könnte den Gesellschaftsvertrag radikal umgestalten, zumal einer der Gründe dafür, dass in den eingangs angeführten Szenarios der Bevölkerungsrückgang nicht noch deutlicher ausfällt, die erhebliche Steigerung der Lebenserwartung ist. Anders sähe es natürlich aus, wenn eines der anderen hier beschriebenen Risiken durchschlagen sollte.

Nicht zuletzt hat eine kleinere Bevölkerung einen ganz anderen Bedarf an Infrastruktur, Dienstleistungen, Waren etc. Und das ist nur die materialistische Sichtweise. Das klingt jetzt vielleicht blöd, aber eine Welt ohne Kinder ist auch eine Welt, in der weniger gelacht (und geweint, ganz viel geweint) wird. Die kalte Ratio mag so etwas nicht zu den großen Risiken zählen, ein Verlust ist es trotzdem.

Es wäre falsch, hier nicht auch von den positiven Aspekten zu sprechen, die Ibbitson und Bricker ebenfalls benennen. Nicht umsonst sprechen Kolleginnen von der Universität in Washington von einem »Agenda 2030«-Szenario. Weniger Menschen hätten einen kleineren umweltschädlichen Fußabdruck zur Folge. Man könnte hier eine historische Parallele ziehen: Denn schon die Phase nach dem »Schwarzen Tod« der Pest wurde häufig als »Goldenes Zeitalter« beschrieben. Wie vielleicht noch nie zuvor in der modernen europäischen Geschichte spürte die arbeitende Bevölkerung damals eine neue Macht: Löhne gingen hoch, das Risiko von Hungersnöten sank. Eine Blütezeit, die auch einen Grundstein für die Renaissance bildete.

Elon Musk postete kürzlich ein Bild, das den Bevölkerungsrückgang als gefährlichstes existenzielles Risiko darstellte, und ich frage mich, ob der moderne Raubritter, der unsere Newsfeeds unter Beschuss nimmt, sich dabei nicht eher um seine Kapitalanhäufung als um das Wohlergehen der Bevölkerung sorgt. Einige der weiteren hier skizzierten Risiken dürften bei einer solchen Entwicklung zwar zweifellos an Dringlichkeit verlieren, aber wir reden hier ja nicht über die Feel-good-Storys. Wir wollen die schmutzigen Details!

Leider wissen wir schlicht nicht, wie das moderne kapitalistische System auf einen potenziellen Kollaps des Arbeitsmarkts reagieren wird. Werden wir unsere Probleme einfach wegautomatisieren oder eine systematische Neuerfindung der Wirtschaft erleben, wenn der Kapital- sowie Immobilienmarkt und alles dazwischen erkennen, dass ein *auf Wachstum basierendes* Wirtschaftssystem vor einer dauerhaften Schrumpfung der Bevölkerung steht? Dabei darf man nicht vergessen, dass bereits zwei aufeinanderfolgende Quartale mit wirtschaftlichem Rückgang als Rezession gelten. Werden wir in einer Welt des Bevölkerungskollapses eine Rezession nach der anderen erleben? Und was passiert, wenn wir 20 oder 30 oder 40 Quartale wirtschaftlichen Rückgangs durchmachen? Unser Vermögen ist an Dinge gebunden – Papiere aus dem Finanzwesen, die uns das Eigentum an produktiven Vermögenswerten zusichern, Wohnungen, Schmuck, Kunst und all das Schöne drumherum. Wenn nur noch die Hälfte der Welt (oder der Menschen) sich daran erfreuen kann, welchen Wert werden diese Dinge dann noch haben?

Die Literatur zum Bevölkerungskollaps hat häufig auch ein »Geschmäckle«, wie es mein schwäbischer Verleger formulieren würde. Wie schon erwähnt, ist niemand anderes als Elon Musk einer der prominentesten Lautsprecher des Narrativs vom Bevölkerungsrückgang, und er spricht nicht nur ganz allgemein darüber, sondern spezifisch über den

Fruchtbarkeitsrückgang bei »klugen Menschen«. (Dazu passt der Film *Idiocracy*, der eine Zukunft beschreibt, in der sich nur noch dumme Menschen fortpflanzen.) Musk selbst scheint die Sache derart ernst zu nehmen, dass er selbst bereits für neunfachen Nachwuchs gesorgt hat.

In seinem vierteiligen Podcast zu Elon Musk identifiziert der Kanadier Paris Marx jedoch eine Unterbedeutung zu »klug«: Weiß. Marx behauptet, dass Musk zwar von »Intelligenz« zu sprechen scheint, aber eigentlich den Bevölkerungsrückgang von »weißen Menschen« beklagt. Es wäre ein Fehler, nicht auf diese Implikationen hinzuweisen, denn die Diskussion um den Bevölkerungsrückgang hat in vielen Teilen zutiefst rassistische Untertöne.

Ich persönlich plädiere nicht für moralische Gleichwertigkeit zwischen einem wegen Fruchtbarkeitsplanung nicht gelebtem Leben und Milliarden Toten nach einem Atomkrieg. Aber es gibt Menschen, die das so sehen, und wenn man zu diesem Lager gehört, dürfte man dieses Risiko hier vermutlich sehr hoch einstufen.

Was auch immer man von dem Fluch der Überbevölkerung halten mag, eine Welt mit weniger Menschen, weniger Autoren (natürlich nenne ich meine Zunft zuerst), Dichterinnen, Denkern, Künstlerinnen, Freunden, Brüdern, Schwestern ist eben nicht nur eine Welt mit weniger Leben, sondern auch weniger *Zusammenleben*.

CYBERRISIKEN

DAS RISIKO IN EINEM SATZ: Das Internet fällt aus, und die öffentliche Infrastruktur, die Kommunikation und der moderne Kapitalismus kollabieren.

MUSS ICH MIR SORGEN MACHEN? Nein. Aber das heißt nicht, dass das Internet kein übler Ort ist.

Zunächst die gute Nachricht: Das Internet ist die wohl widerstandsfähigste Infrastruktur, die die Menschen je entwickelt haben. Nichts reicht auch nur annähernd an es heran. Das Internet wird nie sterben. Ich schreibe diese Sätze in der Hoffnung, beruhigend zu klingen, weiß jedoch auch, dass dieser Satz seltsam bedrohlich ist, wie in einem schlechten (guten?) Zombiefilm. Aber keine Sorge, die Zombies kommen später, hier geht es erst einmal um das Internet und um Cyberrisiken.

Der einfache Grund für diese Widerstandskraft liegt in der Natur der Sache: In dem Moment, in dem zwei Server miteinander kommunizieren, ist das *Inter*-net, ein Netzwerk *zwischen* Servern, geboren. Es gibt um die 90 Millionen Server rund um den Globus, je nachdem, wen man fragt. Solange auch nur zwei von ihnen noch arbeiten, besteht das Internet in technischer Hinsicht fort. Hinzu kommt, dass es nicht nur unzählige Server gibt, sondern auch unzählige »Straßen«, über die sie Verbindung miteinander aufnehmen können.

Selbstverständlich können Teile des Internets offline gehen, und es gibt Kabel und Server, die einen Großteil des Datenaufkommens schultern (sogenannte »Daten-Autobahnen«) und daher eine gewisse Systemrelevanz haben. Einzelne Server können kaputtgehen, Kabel zerbrechen (oder sabotiert werden), es kann zu anderen Unterbrechungen kommen (dazu gleich mehr), doch das Internet an sich bleibt. Die Frage lautet, wie regional begrenzt eine solche Unterbrechung wäre, doch aufs Ganze gesehen fällt es schwer, sich eine systemische weltumspannende Störung auszumalen.

Klar, wenn ein Schwarzes Loch den Planeten Erde verschlingt, wird auch das Internet zusammen mit allem menschlichen Leben zerstört. Oder sollte eine höhere Macht am Tag des Jüngsten Gerichts die Geschichte des »Turmbaus von Babel« wiederholen, sodass die Internetprotokolle (also die Sprache, in der die Server miteinander kommunizieren) alle in unterschiedlichen Zungen sprechen, würde auch dies das Ende des Internets bedeuten. Doch abgesehen von diesen beiden Szenarien dürfen wir entspannt bleiben.

Das hat etwas Gutes. Unsere moderne Gesellschaft kann ohne das Internet nicht mehr funktionieren, und damit meine ich nicht nur unsere zunehmende Unfähigkeit, Sex zu haben, ohne vorher auf unterschiedlichen Apps Pfauentänze aufzuführen. Nichts von dem, was wir konsumieren, funktioniert ohne das Internet: Essen, Heizung, Licht, Kleidung, Mobilität, alle entscheidenden Dienste sind »im Netz«.

Aber nur, weil ein Szenario ohne das Internet nicht mehr

realistisch erscheint, muss das Nachdenken darüber nicht langweilig sein. Das Onlinejournal *Science Focus* stellte ein fantastisches Gedankenspiel vor, in dem die Welt nach dem Zusammenbruch des Internets geschildert wurde. Tag 1: Es beginnt mit dem unvorstellbaren Grauen, dass Facebook und Google rund 300 Millionen US-Dollar an Werbeein-nahmen verlieren (wir sind zwar erst beim Buchstaben C in diesem Buch, aber es kann schon jetzt nicht mehr schlim-mer werden!). Nach einem Jahr: eine Milliarde Tote.

Aber natürlich ist denkbar, dass eine derartige Dynamik teilweise Realität wird, etwa wenn Kriminelle oder auslän-dische Mächte wichtige Infrastruktursysteme hacken oder sabotieren. Eine solche groß angelegte Attacke auf die zen-trale Infrastruktur (zum Beispiel auf Geldautomaten) traf Estland im Jahr 2007, als die estnische Regierung entschied, ein der Roten Armee gewidmetes Denkmal an einen ande-ren Ort zu versetzen. Manchmal denke ich, Russland hätte wegen seiner Neigung zum Chaos ein eigenes Kapitel in diesem Buch verdient, weshalb ich einige Wochen lang den Buchstaben K für den Kreml vorgemerkt hatte, ihn dann aber doch mit der Künstlichen Intelligenz besetzt habe. Die genaue Rolle der russischen Regierung ist nicht abschlie-ßend geklärt, aber ob es nun Putin selbst war oder ein Ha-cker bei Mutti im Keller irgendwo in der russischen Tundra, diese Attacken sind eine angsteinflößende moderne Waffe und können erheblichen Schaden anrichten. Ein lahmge-legtes Stromnetz zwingt jedes Land schnell in die Knie.

Doch sogar derartige Ereignisse zerstören nicht das Inter-net an sich. Wir müssen nicht fürchten, durch den Zusam-menbruch des Internets auf das Leben eines Neandertalers zurückgeworfen zu werden. Allerdings gibt es Tage, an de-nen man sich fragt, ob das Leben nicht doch besser wäre, könnte man das Internet zumindest zeitweise abstellen. Wir kommen gleich zur Cyberkriminalität, aber schon jetzt ist mehr als klar, dass das Internet unsere übelsten Impulse verstärkt und Missbrauch und Mobbing Tür und Tor öffnet. Glücklicherweise war ich schon fast erwachsen, als das Internet unser Leben aufzusaugen begann. Anders als Molly, das junge britische Mädchen, das mit 14 Jahren Selbstmord beging, ein Opfer von Mobbing, Einsamkeit und den tödlich endenden Verlockungen der Sozialen Medien. Wir werden in diesem Buch häufig die ganz großen Risiken untersuchen, bei denen das Leben von Milliarden Menschen in Gefahr gerät. Doch genauso oft sollten wir innehalten und das Leiden des Einzelnen bedenken. Mollys Schicksal scheint nicht zum TED-Talk-Thema »Existenzielle Risiken« zu passen, aber der Eindruck täuscht. Auch Molly ist Teil eines Buches großer Risiken, selbst wenn ihre Geschichte nur ein einzelnes Schicksal darstellt.

Aber kehren wir zurück zu den großformatigen Schrecken des Internets: Bei einem von fünf Internetnutzern wurden bereits einmal E-Mails offengelegt. Im Jahr 2022 wurden in nur sechs Monaten mehr als 236 Millionen sogenannte Ransomware-Angriffe durchgeführt, bei der Software installiert wird, die die Computer oder persönliche Daten kapert, um Lösegeldzahlungen zu erzwingen. Fast die Hälfte aller Unternehmen musste Cyberattacken abwehren. Im ersten Halbjahr 2022 gaben allein in den Vereinigten Staaten 50 Millionen Menschen an, Opfer eines Cyberverbrechens geworden zu sein.

Ich habe aus erster Hand Erfahrungen mit Cyberkriminalität gemacht, auch wenn es im Fall meines Unternehmens noch erträglich war: Jemand meldete sich mit einer gefälschten Firmen-E-Mail-Adresse, die meiner ähnelte, bei einer Praktikantin und überzeugte sie, im Supermarkt »für mich« Amazon-Gutscheinkarten im Wert von 600 Euro zu kaufen und anschließend »mir« die Gutscheincodes zuzuschicken. Ein Drama frei nach Shakespeare.

Es gibt eine ganze Reihe von Cyberrisiken, denen Individuen und Unternehmen gegenüberstehen – von Ransomware über Phishing (also das »Fischen« von Privatdaten) bis hin zum Hacken oder dem Abgreifen relevanter Daten. Das ist natürlich alles übel. Doch wie schon erwähnt, wenn Regierungen über Cyberkriminalität nachdenken, dann verstehen sie »Cyber« als Kriegswaffe, als Fähigkeit, die öffentliche Infrastruktur in einem anderen Land zu unterbrechen, angefangen bei der Stromversorgung bis hin zu militärischen und zivilen Kommunikationskanälen. US-amerikanische Geheimdienste haben sogar einen Namen dafür: »Cyber Pearl Harbour«.

Diese Cyberkriegführung funktioniert bereits heute, das Abstellen des Internets in Gaza im Rahmen des Israel-Hamas-Krieges ist nur das jüngste Beispiel in einer Kette zahlreicher weiterer Vorkommnisse. Es steht die Frage im Raum, ob Kriegführung überhaupt der richtige Begriff für einzeln durchgeführte Aktionen ist oder ob man das Wort für Maßnahmen reservieren sollte, bei denen eine ganze Reihe einzelner Angriffe das öffentliche Leben stören. Ist ein einzelnes Scharmützel zwischen indischen und chinesischen Soldaten an der gemeinsamen Grenze gleich Krieg?

So oder so ist klar, dass solche Attacken dramatische Unterbrechungen zur Folge haben können, nicht zuletzt eben bei einer Störung der Stromversorgung. In diesem Sinne fallen Cyberwaffen schnell in die Kategorie von Massenvernichtungswaffen.

Auch wenn das Internet an sich nicht zerstört werden kann – es ist natürlich absolut vorstellbar, dass unser digitales Leben uns zerstört. Und damit meine ich nicht nur die Offenlegung unserer intimsten Gedanken, die gegen uns instrumentalisiert werden können, oder den oben erwähnten Datenklau, wie etwa im Fall des Amts für Personalverwaltung in den USA, dem bei einem Hack durch die chinesische Regierung mehr als 22 Millionen Personalakten gestohlen wurden. Ich meine die digitale Erfahrung ganz allgemein. Wer kann sich an das letzte Mal erinnern, als einen »das Internet« – oder was auch immer zu einem bestimmten Zeitpunkt »im Internet« war – wirklich glücklich gemacht hat? In einem Interview mit dem britischen Moderator Piers Morgan schwärmt der wegen Menschenhandel, Vergewaltigung und organisierter Kriminalität angeklagte Internet-Influencer Tristan Tate, der Bruder des noch notorischeren Andrew Tate, von seiner Zeit im Gefängnis: »Mentale Pause! Keine Elektronik!«

Wir können relativ wenig gegen globale Cyber-Kriminalität ausrichten. Wenn wir vor der Tür zur digitalen Welt stehen, können wir höchstens das tun, was wir am Abend auch mit unserer eigenen Wohnungstür machen: abschließen. Und ja, wir können uns auch vor dem Internet schützen, indem wir etwas mehr Zeit in der realen Welt verbringen. Aber auch diese ist gefährlich, 25 Kapitel in diesem Buch geben uns ein Bild davon. Sie hat jedoch entscheidende Vorteile. Sie ist echt. Sie ist der Raum unseres Zusammenlebens.

In diesem Sinne wäre der Abschuss von ein, zwei Servern vielleicht gar keine so schlechte Idee, wenn, ja wenn das ganze System nicht so verdammt widerstandsfähig wäre …

DU

DAS RISIKO IN EINEM SATZ: Das Risiko bist du.

MUSS ICH MIR SORGEN MACHEN? Muss *ICH* mir Sorgen machen???

In ihrem Hit *Mass Destruction* aus dem Jahr 2004 erklärt uns die Trip-Hop-Band *Faithless*: »a wicked mind is a weapon of mass destruction«, »ein bösartiger Verstand ist eine Massenvernichtungswaffe«. Um diese Idee soll es im Folgenden gehen. Das Risiko, das von bösen Gedanken ausgeht. Von deinen vielleicht. Oder meinen.

Die Geschichte ist voll von Menschen mit bösartigen Ideen. Sie gehören zu den »Great Men« – gemäß der im 19. Jahrhundert entstandenen »Great Men Theory« des schottischen Essayisten und Historikers Thomas Carlyle –, die die Menschheitsgeschichte prägen, Kriege anzetteln oder ihre Völker ins Chaos stürzen, nur um ihre persönlichen Egos zu befriedigen und fixen Ideen umzusetzen (meine Lesart, nicht die Carlyles). Die Hitlers, Stalins und Pol Pots. Insofern ist dieses Risiko auf den ersten Blick nicht neu. Und man muss nur die Tageszeitung aufschlagen, um zu sehen, dass die Menschengattung nicht kurz vor der Ausrottung steht. Allerdings findet sich dieses Kapitel nicht unter H wie »Hitler«. Es heißt »Du«. Es geht hier demzufolge nicht um die »Great Men«, sondern eher um die »mittelmäßigen Männer und Frauen« (ohne unhöflich sein zu wollen). Wie schaffen es nun wir Normalbürgerinnen auf die Liste zivilisatorischer Risiken? Dafür braucht es noch etwas. Wir müssen eine schwarze Murmel aus der Lostrommel ziehen.

Die Parabel von der schwarzen Murmel stammt aus einem Aufsatz des Futuristen und Philosophen Nick Bostrom, den er 2019 unter dem Titel *The Vulnerable World Hypothesis* veröffentlichte und der 2020 unter dem Titel *Die verwundbare Welt. Eine Hypothese* auf Deutsch erschienen ist. Bostrom vertritt die Meinung, man könne sich den Fortschritt wie einen Prozess vorstellen, in dem die Menschheit Murmeln aus einer riesigen Lostrommel zieht, wobei jede Murmel eine neuartige Technologie oder einen damit im Zusammenhang stehenden Fortschritt darstellt. Die Murmeln sind entweder weiß (vorteilhaft), grau (nur ein wenig schädlich, quasi ein »gemischter Segen«) oder schwarz – eine Murmel, die ebenjene Zivilisation zerstört, die sie erschaffen hat, die die Hand beißt, die sie aus der Trommel gezogen hat. Bostrom meint: Sollte eine schwarze Murmel in der Trommel sein, dann werden wir sie aller Wahrscheinlichkeit nach eines Tages ziehen (oder haben es unwissentlich bereits getan). Unsere Strategie bestand bisher vor allem darin, darauf zu hoffen, dass keine schwarzen Murmeln existieren, doch je weiter Wissenschaft und Technologie voranschreiten, umso wahrscheinlicher scheint es, dass diese schwarze Murmel in der Trommel liegt. (Von Bostrom sind problematische rassistische Bemerkungen bekannt, was seiner intuitiven Parabel leider einen üblen Nachgeschmack verleiht.)

Auf lokaler Ebene haben Menschen bereits einige dieser schwarzen Murmeln gezogen. Wir sind aber weit entfernt von der »Auslöschung« der *globalen* Zivilisation, wie wir sie uns etwa vorstellen müssten, würde ein Asteroid in der Größe Berlins auf die Erde stürzen.

Wie die meisten Menschen, die sich im Bermudadreieck zwischen Nachdenken über existenzielle Risiken, effektivem Altruismus und *Futurama* bewegen, meint Nick Bostrom mit seinen schwarzen Murmeln zivilisationsverändernde Technologien – Atomwaffen, Künstliche Superintelligenz und so weiter. Viele dieser Risiken haben im vorliegenden Buch ein eigenes Kapitel: grundlegende Technologien in den Händen einiger weniger, die den Rest der Menschheit zerstören oder kontrollieren können. Doch es gibt noch eine andere Art von schwarzer Murmel, nämlich Technologien mit mittlerer Zerstörungskraft, auf die allerdings viele Menschen Zugriff haben. Man kann entweder eine große Bombe zur Explosion bringen oder eben auch viele kleine. Für mein erstes Buch *Der Kill Score: Auf den Spuren unseres ökologischen und sozialen Fußabdrucks* hatte ich mir einen Ausspruch von John Steinbeck ausgeliehen: »So sprechen die Götter mit kleinen Ursachen.« Beim *Kill-Score* ging es um unseren nicht-nachhaltigen Konsum, welcher in diesem Jahrhundert möglicherweise 500 Millionen Todesopfer fordern wird. Opfer der vielen kleinen Alltagsbomben, die wir täglich zünden.

Die Waffen im Repertoire der »mittelmäßigen Männer und Frauen« sind vielfältig. Drohnen wären ein Beispiel. 3D-Drucker. Das Internet, und falls jemand ganz besonders clever ist, ein wenig KI-Software, obwohl man auch ohne sie auskommen dürfte. Das sind die Werkzeuge von morgen (und möglicherweise sogar schon von heute), mit denen sich jeder zu Hause Munition ausdrucken oder eine Bombe basteln kann, die dann an einer Drohne befestigt und über einem vollen Fußballstadion abgeworfen werden kann. Dieses Risiko ist durchaus konkret, weshalb es bei den Sicherheitsplanungen von großen Sportereignissen oder Konzerten berücksichtigt wird.

Nach heutigem Wissensstand ist davon auszugehen, dass das, was man vielleicht als zweitrangige Grundlagentechnologie bezeichnen könnte, in den Händen vieler zu einer mächtigen und zivilisationsverändernden Kraft wird. Wie bei einigen anderen Risiken in diesem Buch ist das wahre Rätsel, warum es nicht schon längst schlimmer gekommen ist.

Die technologische Entwicklung dürfte die Zivilisation auch deshalb verändern, weil sie neue Formen der Überwachung nach sich zieht. Technologische, politische und soziale Barrieren gegen den Zugriff auf zerstörerische Waffen helfen dabei, das Tier in uns Menschen im Zaum zu halten. Deshalb liegt die Massenüberwachung als Option weiter auf dem Tisch, falls sie nicht sogar schon in gewissem Maße umgesetzt wird. Denn werden sie unablässig überwacht, fällt es Menschen mit bösartigen Gedanken schwerer, ihr volles Potenzial einzusetzen. Ein von Künstlicher Intelligenz angetriebener Prozess könnte womöglich sogar eine *Minority-Report*-artige Zukunft ergeben, also ähnlich jener von Tom Cruise und Steven Spielberg gestalteten Dystopie, in der Verbrechen vorhergesagt werden, noch bevor sie tatsächlich verübt werden (und in der Cruise natürlich ständig seine Stirn bedeutsam runzelt, eine ganz eigene dystopische Filmerfahrung). Der totalitäre Staat beim Buchstaben T ist ein großes Risiko. Aber für nicht wenige auch der einzige

Ausweg in einer Welt von acht Milliarden bösartigen Geistern, acht Milliarden potenziellen Massenvernichtungswaffen. Diese Drohkulisse taucht auch an anderer Stelle auf: So rufen die »Öko-Faschisten« angesichts der in diesem Buch geschilderten Umwelt- und Klimarisiken nach dem starken Mann. Gefahren drohen also durch die »bösen Geister«, aber auch durch die Reaktionen darauf. Dabei ist es wichtig zu betonen, dass wir hier nicht davon ausgehen, alle Menschen seien böse – noch nicht mal die Mehrheit. Es reicht schon eine kleine, aber signifikante Minderheit. Und natürlich gehen wir alle erst mal davon aus, dass wir selbst nicht in der Kategorie »bösartiger Verstand« zu verorten sind, klar! Ich doch nicht! Ich, ich bin ein Teil von jener Kraft, die stets das Gute will (und stets das Böse schafft).[*]

Eine Zukunft, in der es zum Showdown zwischen bösartigen Individuen und Polizeistaat kommt, mag abwegig erscheinen, doch die Technologie von Massendaten und Prognosen spielt bereits heute unter dem Stichwort »Vorhersagende Polizeiarbeit« eine immer wichtigere Rolle. Genau wie auch die massenhafte Überwachung schon zum Einsatz kommt. Die wichtigsten Werkzeuge liegen also bereit, und die Gesellschaft könnte sie womöglich lautstark einfordern, sobald jedes Du als Bedrohung angesehen wird. Totalitäre Kontrolle könnte in einer solchen Welt die einzige Lösung für die öffentliche Sicherheit sein, was uns netterweise daran erinnert, dass allzu oft die Vertuschung (oder in diesem Fall die Reaktion) und nicht das Verbrechen an sich das Hauptproblem darstellt.

---

[*]   Mephisto kannte halt keine 3D-Drucker, sonst hätte er seinen ursprünglichen Spruch aus *Faust I* wahrscheinlich umgedreht.

Ich möchte nur kurz auf die Auswirkungen eingehen, die sich aus diesen Überlegungen ergeben könnten. Zum einen lassen sich mit einem 3D-Drucker nicht nur komplette Waffen herstellen, sondern auch Einzelteile, die mit Teilen aus dem Handel zusammenpassen und dann eine neue Waffe ergeben. Das Ministerium für Innere Sicherheit der USA hat bereits erkannt, dass es diese Entwicklung verzögern, aber nicht verhindern kann. Mit anderen Worten: Du druckst dir mit einem 3D-Drucker Waffenteile aus, besorgst anschließend im Baumarkt die fehlenden Komponenten und bastelst alles zusammen.

Die Fähigkeiten von Drohnen nehmen immer weiter zu, inzwischen erreichen sie mit immer größerer Geschwindigkeit fast jedes Ziel. 2017 wurde zum ersten Mal das Dach eines Stadions aus Angst vor einem terroristischen Drohnenangriff geschlossen (das Millennium Stadium in Cardiff beim Finale der UEFA Champions League). Die Absicht, einen für Waffen undurchdringlichen »Sicherheitsbereich« einzurichten, wird in Kürze nur noch lächerlich wirken. Denn der Einsatz dieser Waffen im Ukraine-Krieg macht ihre Zerstörungskraft nur allzu deutlich. Die all dem zugrunde liegende Technologie ist inzwischen vielen Menschen zugänglich.

Viele solcher Angriffe dürften klein ausfallen. Die Tatsache, dass wir noch keine massive Attacke erlebt haben, lässt vermuten, dass sie schwieriger durchzuführen ist, als die Stammtischexperten vermuten. Allerdings erscheint es logisch, dass solche Angriffe zunehmend einfacher werden dürften. Und natürlich ist auch klar, dass es immer mehr verwirrte Köpfe gibt, nicht zuletzt deshalb, weil psychische Krankheiten zunehmen und die Zahl desillusionierter junger Männer (und manchmal Frauen) stark anwächst.

Schlussendlich sorgen die mit modernster Technik ausgestatteten Menschen mit ihren zerstörerischen Fantasien für eine weit um sich greifende Verunsicherung, die dramatische Auswirkungen auf die Lebensqualität und die öffentlichen Freiheiten hat. Auch hier besteht das Hauptrisiko darin, wie sich in einer solchen Welt unser »way of life« und unsere Fähigkeit zur Koexistenz als Gesellschaft verändern. Natürlich sollten wir hier keine Schwarzmalerei betreiben.

In diesem Kapitel ging es vor allem um unseren bösartigen Verstand, gepaart mit der Ausbreitung von zerstörerischen Waffen: ein großes gesellschaftliches Risiko. Aber wie in der Einleitung bereits erwähnt, kommt die Gefahr aus zwei Ecken. Demzufolge gibt es neben dem »bösartigen Verstand« noch eine weitere Massenvernichtungswaffe, die am Ende des bereits zitierten *Faithless*-Songs erwähnt wird und die Grundlage fast aller anderen Risiken in diesem Buch darstellt: »We need to find courage ... overcome, *inaction* is a weapon of mass destruction«. Untätigkeit ist eine Massenvernichtungswaffe.

EWIGES LEBEN UND GEN-MANIPULATION

DAS RISIKO IN EINEM SATZ: Wir verändern unsere genetische Ausstattung derart, dass wir aufhören, Menschen zu sein, insbesondere, weil wir nicht mehr sterben.

MUSS ICH MIR SORGEN MACHEN? Wer nie sterben möchte, der braucht sich keine Sorgen machen. Wer sterben möchte, braucht sich wahrscheinlich auch keine Sorgen machen. Wer die Sterblichkeit als elementaren Bestandteil der Menschlichkeit und des Fortschritts versteht, nun, für den sieht es schlecht aus!

Jedes Jahr verschiebt sich unsere Lebenserwartung. In den letzten 50 Jahren nahm sie jedes Jahr zu, mit einer offensichtlichen Ausnahme in jüngster Zeit (Kapitel »L – Labor« weiß mehr darüber).* In der Regel steigt sie jährlich um 0,25 Jahre. Man kann es auch anders formulieren: Für jedes

---

* Natürlich ist das nicht so einfach. Steigt die Lebenserwartung, weil dank medizinischer Fortschritte die Kindersterblichkeit sinkt, hilft das einer 30-Jährigen nicht, länger zu leben. Aber die Idee insgesamt passt schon.

Jahr, das man lebt, erhält man 0,25 Jahre zusätzlicher Lebenszeit – oder man verliert pro abgelaufenes Lebensjahr nur 0,75 Jahre. Schon cool, oder?

Nun stellen wir uns vor, die Lebenserwartung stiege alljährlich um 1,1 Jahre. In so einer Welt würde man nie sterben. Beziehungsweise das statistische »Ich« stirbt zumindest nie, denn es gewinnt mit jedem abgelaufenen Lebensjahr 0,1 Jahre Abstand zum Tod hinzu.

Das dazugehörige Konzept ist die Idee von »ewigem Leben«. Die Anhänger dieser Vorstellung bemühen sich um eine Zukunft, in der es keinen Zellzerfall und »natürlichen Tod« mehr gibt. Eine Welt, in der wir alle dem Tod permanent entlaufen. In der Forschungsliteratur ist dieser Ansatz unter dem Namen »Methusalerity« bekannt.

Aubrey David Nicholas Jasper de Grey, der Erfinder dieses Begriffs, sieht genauso aus, wie er heißt. Doch hinter dem inzwischen 60-jährigen Gandalf-Gesicht (wird eng mit der ewigen Jugend) steckt ein junger Geist, der behauptet, dass die Technologie zur Umkehrung des Alterungsprozesses heute schon existiert und dass wir in den nächsten Jahrzehnten in der Lage sein werden, das Altern zu besiegen. Auf seine Leistungen beim Kampf gegen die Ursachen des Alterns, also die »Strategies for Engineered Negligible Senescence« (SENS) (zu Deutsch noch plumper: »Strategien, um den Alterungsprozess mit technischen Mitteln vernachlässigbar zu machen«), fällt leider ein unangenehmer Schatten: De Grey wurde im August 2021 bei der SENS Research Foundation entlassen, da er eine unabhängige Untersuchung sabotierte, die Vorwürfen wegen sexueller Belästigung nachgehen sollte. Leider liegt ein Schatten auf vielen Personen, die hier im Buch auftauchen – Musk, Bostrom, De Grey.

Was genau hat SENS oder das ewige Leben in einem Buch über Risiken für den Menschen zu suchen? Ich muss zugeben, dass ich eine ziemlich intensive Phase der obsessiven Lektüre zu diesem Thema hinter mir habe und schwankte, ob meine Frau und ich früher als geplant ein Kind bekommen sollten, um dessen Lebenszeit zu maximieren, bevor wir eine schwarze Murmel aus Bostroms Lostrommel ziehen, oder ob ich so lange wie möglich mit dem Kinderzeugen warten sollte, um die Chancen des Kindes auf »Methusalerity« zu erhöhen. Zum Glück habe ich diese Phase jetzt hinter mir. (Für all diejenigen, die es interessiert: Ich habe mich für die traditionelle Herangehensweise entschieden, einfach dann Kinder mit meiner Partnerin zu bekommen, als wir uns dazu bereit fühlten.)

Die von SENS überzeugten Theoretikerinnen sehen uns am Scheitelpunkt einer medizinischen Transformation, die den »natürlichen Tod« endgültig abschaffen wird. Natürlich existiert keine exakte Definition des natürlichen Todes (ein Gutteil meines vorherigen Buches widmet sich dem Problem, wie man den durch nichtnachhaltiges Handeln verursachten Tod als unnatürlichen Tod verstehen kann), doch es erscheint naheliegend, dafür auf Zellebene zu beginnen. Schließlich wird der Tod des ganzen Organismus vom Zerfall der Zellen verursacht.

Zellzerfall bedeutet, dass Körper und Geist irgendwann die Arbeit einstellen. Die Einführung der »regenerativen Medizin« oder des »Reparatur- und Erhaltungskonzepts« suggeriert, dass wir eines Tages in der Lage sein werden, genau diesen Zerfall zu verhindern. Viele von uns dürften die Vorstellung als Science-Fiction abtun, doch Forscher, die sich mit diesem Thema auseinandersetzen, halten eine solche Entwicklung für höchst realistisch. Aus rein wissenschaftlicher Sicht gilt der technologische Durchbruch beim Zellzerfall geradezu als unvermeidlich, da wir dieses (oder ein ähnliches) Phänomen bei anderen Lebewesen beobachten können. Die Galapagos-Riesenschildkröten oder der Grönlandhai zeigen beispielsweise etwas, was »vernachlässigbare Alterung« genannt wird – einige Haie werden über 300 Jahre alt. Womöglich hat die menschliche Evolution in einem solch hohen Alter keine strategischen Vorteile gesehen, doch die moderne Wissenschaft findet stets Wege, die Natur zu überlisten.

Nicht viele, aber doch einige seriöse Studien zeigen schon heute, dass es möglich sein dürfte, den Zellzerfall aufzuhalten. Interessant an der Methusalerity ist auch, dass sie den vorzeitigen Tod zur vorherrschenden Form des Sterbens machen könnte, sobald der natürliche Tod besiegt ist, also der Zerfall unseres Körpers aufgehalten wird.

Der Kampf gegen den Zellzerfall spielt auch bei der Behandlung anderer Krankheiten eine Schlüsselrolle. So stehen bei der Krebstherapie große Transformationen an. Seit der Pandemie sind wir sowieso alle ausgewiesene Experten für mRNA-Impfungen, schließlich haben wir aus erster Hand deren unglaubliche präventive Möglichkeiten erlebt. Nun werden mRNA-Therapien entwickelt – es laufen sogar bereits einige angewandte Studien dazu –, mit denen so ziemlich alles behandelt werden soll, von Diabetes über Krebs bis hin zu Alzheimer. Ein Grund, wieso Krebs so schwierig zu »heilen« ist, liegt darin, dass »Krebs« als einzelne, für sich allein stehende Krankheit gar nicht existiert. mRNA-Therapien sind genau für so eine Herausforderung geeignet, indem sie eigenständige Heilmittel für jede individuelle Krebspatientin bieten. Oder zumindest verfügen sie über das Potenzial, solche Heilmittel zu entwickeln; noch sind wir nicht so weit. Wissenschaftliche Durchbrüche bei der Krebsforschung – darunter die Kombination aus Prävention und Therapie – könnten dazu führen, dass es bis 2050 keinen vorzeitigen Krebstod von Menschen unter 80 Jahren mehr gibt; dies besagt jedenfalls eine Studie des University College London aus dem Jahr 2015.

All diese unterschiedlichen Trends legen nahe, dass wir uns im Hinblick auf den Tod in einer neuen Ära der menschlichen Zivilisation befinden, in der womöglich – um die Worte eines der wichtigsten musikalischen Genies unserer Zeit zu verwenden, Pharrell Williams – »no one ever really dies«, niemand jemals wirklich stirbt. Wenn man die historische Perspektive verschiebt, dann muss man freilich sagen, dass der vorzeitige Tod für den Großteil der Menschheitsgeschichte die Regel war. Bereits die hohe Säuglings- und Kindersterblichkeit machte die Mehrheit aller Todesfälle aus. Nimmt man noch die Geißeln Krieg, Krankheit und Mangelernährung hinzu, wird die Vorstellung, als alter Mensch zu sterben, eher zur Ausnahme denn zur Regel. Wir leben derzeit in jener kurzen historischen Phase, in der der Tod als Ergebnis des »natürlichen Zellverfalls« in der entwickelten Welt zur vorrangigen Todesursache geworden ist.[*] Und in Kürze werden wir an dem Punkt stehen, an dem diese Art von Tod wieder großflächig verschwunden sein wird, sobald die regenerative Medizin sich durchgesetzt hat. (Das behaupten zumindest die Anhänger der Methusalerity.) Sogar ein Szenario, in dem wir uns einer Zunahme der Lebenserwartung von mehr als einem Jahr pro Jahr

---

[*] Wäre man kleinlich, würde man hier darauf hinweisen, in welchem Ausmaß wir durch unser Konsumverhalten zu diesem Zerfall beitragen. Aber wir sind ja nicht kleinlich.

asymptotisch annähern würden, hätte dramatische Konsequenzen.

Natürlich wird dieses Thema heiß diskutiert 28 Wissenschaftlerinnen schrieben 2005 in einem Artikel in *EMBO Reports*, einer Fachzeitschrift mit Fokus auf Molekular-, Zell- und Entwicklungsbiologie, dass de Greys Theorien insofern Science-Fiction seien, als sie nie auch nur bei einem einzigen Organismus die Lebensspanne verlängert hätten. De Grey ist jedoch nicht die einzige Autorität auf diesem Gebiet. »Wir sehen biomedizinische Durchbrüche, die den Bereich der Anti-Alterungs-Forschung aus der eher exotischen Ecke der wenig exakten Wissenschaft und außergewöhnlichen Behauptungen herausgehoben und zu einer sehr exakten Disziplin geformt haben«, so Professor Steve Horvath von der University of California, Los Angeles, ein Pionier auf dem Gebiet der Altersforschung. Oder man hält sich an Judith Campisi vom Buck Institute for Research on Aging in Novato, Kalifornien, deren Empfehlung zum Umgang mit den Jüngern des Ewigen Lebens lautet: »Glauben Sie ihnen nicht.« Klar ist: Die Zukunft des ewigen Lebens bleibt kontrovers.

Ganz gleich, was man von der Behauptung hält, der Durchbruch stehe kurz bevor, unser Wissen über die Möglichkeiten zur Verlangsamung des Zellzerfalls nimmt stetig zu. Auch wenn man nicht glaubt, dass wir es bis zum ewigen Leben schaffen, wie einige Wissenschaftler behaupten, so werden die Forschungsergebnisse doch dazu führen, dass Menschen immer länger leben. Und natürlich denken jene, die in diesem Bereich arbeiten, bereits über den reinen Zellzerfall hinaus und nehmen etwa Organtransplantationen, Kreislaufsysteme und vieles mehr in den Blick.

Wie oben schon angedeutet scheint eine Diskussion über all diese Fragen in einem Buch über Risiken fehl am Platz. Ist doch klasse: Fortschritt! Doch sollten wir einen Moment lang überlegen, wie eine Welt, in der niemand stirbt (oder wir x-fach älter werden) und die Bevölkerung unablässig zunimmt, aussehen könnte. Damit kommen wir zur Umkehrung der These vom Bevölkerungsschwund – oder zu deren Ergänzung: wenn fast alle Menschen »alt« sind. Wie organisieren wir dann das Rentensystem, die Arbeitswelt, das gesellschaftliche Miteinander, Familienrollen? Gibt es noch ein Rentensystem, wenn wir ewig leben, oder ein wiederkehrendes »Auszeit«-Budget, welches wir alle zehn bis zwanzig Jahre einfordern können, als eine Art Erfrischungskur? Wie eine solche Welt funktionieren könnte, erklärt sich keinesfalls von selbst. Könnten wir überhaupt noch Kinder kriegen, ist noch Platz für eine neue Generation? Welche Entwicklungsmöglichkeiten gäbe es in einer Welt ohne Nachkommen, und welche medizinischen oder politischen Eingriffe wären nötig, um diese Welt zu organisieren? Was geschieht mit unserer Kultur, wenn die wohl grundlegendsten Eigenschaften des Lebens – Geburt und Tod – abgeschafft sind? Ich hatte in der Einleitung für dieses Kapitel eine Feel-Good-Story versprochen. Für mich klingt das doch leider alles ziemlich nach Horror.

Wie bei den meisten technologischen Entwicklungen (wenn auch nicht bei allen) ist davon auszugehen, dass viele dieser medizinischen Eingriffe erst einmal den Superreichen vorbehalten sein werden. Auch das wirft Fragen auf. Wie reagiert eine Gesellschaft, in der Ungleichheit nicht mehr nur die Lebenserwartung betrifft, sondern die fundamentale Frage des Sterbens? Auch hier kommen wir auf ein Grundthema zurück: die Zukunft des *Zusammen*lebens.

Bislang drehte sich die Diskussion um die rein technischen Möglichkeiten der Manipulation des Zellzerfalls. Aber natürlich würde eine solche Fähigkeit nicht nur die Suche nach der Unsterblichkeit prägen. Sie würde die Menschheit in mehr als nur einer Hinsicht verändern, sie würde unsere gemeinsame Existenz, unsere Menschlichkeit verändern. So lässt sich – frei nach der Bibel – fragen, wie es sich anfühlt, die ganze Welt zu gewinnen und seine Menschlichkeit im Gegenzug zu verlieren. Denn auch das Sterben, die Endlichkeit, ist Teil der Menschlichkeit, zumindest noch. Die Befunde in diesem Kapitel zeigen, wie verwirrend diese Diskussionen sein können. Das betrifft insbesondere die Frage, wofür wir eigentlich kämpfen sollten. Für den Sieg über Krankheiten? Für die Abschaffung des Todes?

Es ist zutiefst verstörend, dass so viele Menschen in diesem Forschungsfeld die Risiken für die Menschlichkeit vernachlässigen, die aus dem Kampf um das bloße menschliche Überleben resultieren. Die bei der FTX-Insolvenz ans Tageslicht gekommenen Spinnereien von Sam Bankman-Frieds Bruder über den Kauf von Nauru (einer kleinen Pazifikinsel), um dort mit genetischer »Verbesserung« zu experimentieren, lesen sich wie Nazi-Pornos. In dieser Welt kommt es nur darauf an, dass ganz bestimmte Menschen überleben, herrschen und, dank genetischer Veränderung, zu einer überlegenen Rasse werden. Stichwort »Superreiche«!

Es gibt zahllose Science-Fiction-Bücher zum Thema Überbevölkerung, doch kaum eines ist so packend wie *Der Splitter im Auge Gottes* von Larry Niven und Jerry Pournelle aus dem Jahr 1974. Die »Splits« genannten Außerirdischen müssen wegen eines genetischen oder evolutionären Fehlers in engen Abständen schwanger werden, was zur Überbevölkerung und schließlich zum Untergang ihrer

Zivilisation führt. Auch wenn unser Szenario hier nicht Überfruchtbarkeit, sondern das Ende des natürlichen Todes beschreibt, so kann man sich doch ähnliche Auswirkungen vorstellen: ein Krieg um Ressourcen, dazu ethisch zutiefst komplexe Verteilungsfragen, an denen Zivilisationen zerbrechen können. Wenig in diesem Buch kann so viel Chaos stiften wie der Raub unseres menschlichen Endes. Selbst eine Verzögerung wird unsere Gesellschaft zutiefst verändern. Schlimmstenfalls in der Form, dass sich irgendwann die Menschen selbst nicht mehr verändern …

FAUNA- UND FLORA-KOLLAPS

DAS RISIKO IN EINEM SATZ: Der Niedergang von Flora und Fauna im Kontext des sogenannten »Sechsten Massenaussterbens« ist eine globale Gefahr für die Versorgung mit Nahrungsmitteln – und eine tragische Folge menschlichen Handelns.

MUSS ICH MIR SORGEN MACHEN? Wenn dir die Natur am Herzen liegt, ja. Wenn dir die Menschen am Herzen liegen, ebenfalls ja, aber etwas weniger ja.

In Ami Vitales Worten klingt eine ganz spezielle Traurigkeit an, wenn sie über Sudan redet, das letzte männliche Nördliche Breitmaulnashorn. Die *National-Geographic*-Fotografin begleitete den Bullen während seiner letzten Lebensjahre. Sudan starb im Jahr 2018: »Er ging ruhig und friedlich hinaus in die Nacht, sah kurz zum Himmel hinauf, während ein kräftiger afrikanischer Regen über seinem Revier niederging, und schloss dann für immer die Augen.«

Sudans Genom jedoch wurde aufbewahrt, und bereits zwei Jahre vor seinem Tod wurde ein Projekt mit dem Ziel begonnen, ein weibliches Südliches Breitmaulnashorn mit seinem Samen künstlich zu befruchten. Doch auch nach acht Jahren gibt es keinen Nachwuchs. Folglich gilt das Nördliche Breitmaulnashorn als ausgestorben.

Man möchte sich gern eine gewisse Leichtigkeit erhalten, wenn man mit den verschiedenen Risiken konfrontiert wird, aber in diesem Fall fällt dies besonders schwer. Für Leichtigkeit ist kein Platz, wenn man sich das Leben – und vor allem das Sterben – von Sudan vorstellt. Über Sudans Leben – und vor allem sein Sterben – wurde zwar weltweit berichtet. So wurde Sudan beispielsweise von *Tinder* als »begehrtester Junggeselle der Welt« bezeichnet, was uns wieder einmal die einzigartige Fähigkeit der Menschen in Erinnerung ruft, aus einer Tragödie einen Marketinggag zu machen. Ansonsten aber sterben die meisten anderen Tierarten ganz unbemerkt aus; sie fehlen eines Tages schlicht im Katalog des Lebens, den die International Union for Conservation of Nature (IUCN) und andere Organisationen erstellen. Robert Neville, gespielt von Will Smith, kommt in dem Film *I Am Legend* angesichts einer globalen Pandemie, die fast die gesamte Menschheit ausrottet, zu der Feststellung: »Die Welt ist stiller geworden.« Dazu passt, dass in den letzten 500 Jahren 260 000 Arten ausgestorben sind.

Natürlich macht uns nicht nur das Artensterben Sorgen. Die Menschheit hat auch die Anzahl der Exemplare der noch existierenden Arten reduziert, nach einer Studie des WWF seit 1970 womöglich um bis zu 60 Prozent. Die Beschäftigung mit diesem Thema lieferte einen interessanten Einblick in meine (und vielleicht unser aller) Psyche, denn einerseits kamen mir die Tränen, als ich von Sudans Schicksal erfuhr, andererseits zuckte ich nicht mit den Wimpern, als ich vom 60-prozentigen Rückgang der Tierpopulation las. Es ist schlicht schwer, sich eine Katastrophe dieses Ausmaßes vorzustellen. Daraus leitet sich auch der zynische, Stalin zugeschriebene (aber von Kurt Tucholsky schon 1925 angeführte) Satz ab: »Der Tod eines Menschen: das ist eine Katastrophe. Hunderttausend Tote: das ist eine Statistik!« Sudans Tod ist eine Tragödie, Artensterben eine Statistik.

Natürlich können es sich unerschrockene Autoren populärwissenschaftlicher Bücher nicht erlauben, bei solchen Angelegenheiten sentimental zu werden. Statt Tränen für Sudan zu vergießen, soll ich Risiken für die *menschliche* Zivilisation erkennen, nicht ausgerechnet für die der Nashörner!

Und so muss ich mich darauf konzentrieren, welches Risiko die Zerstörung der Flora und Fauna für die menschliche Gattung birgt, wie sie unser Glück in Mitleidenschaft zieht. Und ich muss sagen: Die Auswirkungen könnten dramatisch werden. Eine der weltweit größten Versicherungsgesellschaften, Zurich Insurance Group, stellt fest: »Die Biodiversität stärkt die Qualität von Luft und Böden, sorgt für Frischwasser, reguliert das Klima, stellt die Bestäubung und Schädlingsbekämpfung sicher, absorbiert Kohlenstoffemissionen und reduziert den Einfluss von Naturkatastrophen. Die Biodiversität unterstützt zudem das weltweite Nahrungsmittelsystem.« Der Weltbiodiversitätsrat vermutet, dass eine Million Tier- und Pflanzenarten vom Aussterben bedroht sind. Dabei sind wir nicht zuletzt für unsere Ernährung auf Flora und Fauna angewiesen – zerstören wir sie, riskieren wir die Zerstörung unserer Nahrungskette.

Wir stehen einer ganzen Bandbreite an Risiken gegenüber. Eines davon ist, dass die angebauten Feldfrüchte durch den Rückgang der Vielfalt an Widerstandskraft verlieren. Neun Arten von Feldfrüchten repräsentieren derzeit zwei

Drittel des gesamten Pflanzenanbaus. Angesichts des Klimawandels, der Schädigung unserer Ökosysteme (Stichworte: Wasser, Luft, Erde) und anderer Risikofaktoren wäre es eigentlich notwendig, dass Feldfrüchte resilienter denn je sind, doch die Agrarindustrie bewegt sich in die entgegengesetzte Richtung.

Anderswo sieht es nicht besser aus: 33 Prozent der Fischbestände sind überfischt. Und wie allgemein bekannt, sinkt die Zahl der Bienen, der wichtigsten Bestäuber der von Menschen verzehrten Lebensmittel. Ein Viertel des Viehbestands ist vom Aussterben bedroht, noch einmal zwei Drittel sind gefährdet. Nur sieben Prozent gelten als nicht gefährdet.

Genau wie beim Klimawandel gibt es auch hier eine Gruppe von »Leugnern« oder »Skeptikern«. Sie behaupten, der Treibhauseffekt würde sich günstig auf Pflanzen auswirken. Die klimaskeptische Organisation »CO_2-Koalition« skandiert demzufolge auch fleißig: »CO_2 ist Nahrung für Pflanzen«. Oder sie führen die bloße Quantität des Viehbestands an, wenn es um Nahrungssicherheit geht (»Zählen Sie denn die 34 Milliarden Hühnchen mit, wenn Sie Ihre Statistik vom Rückgang der Populationen erstellen?«). Oder sie verweisen auf statistische Probleme (»Ihre Zahl von 260 000 ist erfunden, die IUCN führt für dieses Jahrhundert nur ungefähr 500 ausgestorbene Arten auf.«). Hier ist kein Platz, um all diese Annahmen einzeln und ausführlich zu widerlegen, es sei nur so viel gesagt, dass 34 Milliarden Hühnchen, die nur aus dem Ei schlüpfen, um geschlachtet zu werden, nicht der »Gewinn« sind, für den diese Schlauberger sie halten. Und ja, CO_2 ist Nahrung für Pflanzen, aber es gibt da doch noch diese andere, unangenehme Eigenschaft von CO_2. (Zum Beispiel wie enorm nervig es ist, immer die 2 in »CO_2« tiefergestellt zu setzen. Oder auch dessen Schlüsselrolle bei der Klimakrise. Beides beeinträchtigt mein Lebensglück signifikant.)

Wahr ist aber auch, dass diese Risiken vor allem durch Nichtstun oder Untätigkeit zu Risiken werden – die im Kapitel »Du« erwähnte Massenvernichtungswaffe. Und wie vielleicht bei keinem anderen Risiko ist es machbar, den Fauna- und Flora-Kollaps in den Griff zu bekommen. Obgleich wir womöglich nie imstande sein werden, Nachkommen von Sudan zu zeugen oder ein Stück unberührte Natur in ihrem Originalzustand (wieder) zu erschaffen, so gibt es doch viele Dinge, die wir nicht zuletzt ganz eigennützig zum Schutz unserer Lebensmittelversorgung tun können. Eines wäre, den Klimawandel zu verhindern. Dickes Brett, aber einmal durchbohrt, schon ein guter Anfang. Wenn uns das nicht (ausreichend) gelingen sollte, dann wird das Thema Genmanipulation unweigerlich aufgegriffen werden, um dem Klimawandel und den Risiken für die Nahrungsversorgung etwas entgegenzusetzen. Dies ist auch dann erforderlich, wenn das ganze Ausmaß der Risiken und die Auswirkungen der Gentechnik noch nicht bekannt sind. Das menschliche Äquivalent zum Debakel um die Boeing 737 Max: Wer an der einen Stelle Mist gebaut hat (Antriebswerke zu groß für den Flugkörper bzw. Kollaps von Fauna und Flora), macht es beim Reparieren (möglicherweise) an anderer Stelle noch schlimmer (Software, die die Stabilisierung des Flugzeugs abschaltet bzw. Genmanipulation). Und natürlich können wir auch insgesamt daran arbeiten, unseren Fußabdruck zu reduzieren, bei unserem

Essen, unserem Konsum und unserem gedankenlosen Versprühen von Pestiziden im Garten oder auf dem Balkon.

Natürlich ist die Lebensmittelversorgung wichtig. Aber es gibt noch weitere Dinge, die beim Blick auf den Rückgang der Biodiversität zählen, etwa die Schönheit und der Reichtum der Welt. Die Zerstörung dieser Diversität ist bereits kurzfristig gesehen eine Tragödie. Langfristig gesehen werden die Dinge eher noch schlimmer. Dass die Größe der Sonne zunimmt, wird sich auf die Erdatmosphäre auswirken. Den Bäumen bleiben noch 600 Millionen Jahre. Der gesamte Kohlenstoffkreislauf wird voraussichtlich in einer Milliarde Jahren enden, wenn alle Ozeane verdampft sind.

Es gibt aber auch ein alternatives Szenario, das sich in drei Worten zusammenfassen lässt: Es passiert nicht. Die Zerstörung findet nicht statt. Und wie es der Zufall so will, wird das folgende Kapitel den Grund dafür erörtern: Geoengineering, also der Eingriff in unser Klima, die vielleicht wichtigste Technologie, die Menschen jemals erfunden haben, um ihr Überleben zu sichern. Und wenn das nicht klappt? Nun, ich versuche ja jedes Kapitel mit einer positiven Aussicht abzuschließen: Dann hat die Menschheit immer noch mehrere 100 Millionen Jahre Leben vor sich, das sie genießen kann – zumindest wenn nicht in der Zwischenzeit ein anderes Risiko dazwischen kommt.

GEOENGINEERING

DAS RISIKO IN EINEM SATZ: Menschliche Versuche, unser physisches Lebensumfeld zu verändern – insbesondere Klima- und Wetterphänomene –, führen zu unbeabsichtigten, unvorhergesehenen Konsequenzen, die dem Planeten und den auf ihm wohnenden Menschen irreversible Schäden zufügen.

MUSS ICH MIR SORGEN MACHEN? Im Gegensatz zu dem, was man so in den Medien hört, liegt die Wahrscheinlichkeit, dass die Menschen irgendwann zum Geoengineering greifen werden, bei 100 Prozent. Nirgendwo ist die Frage nach Fluch oder Segen jedoch komplexer als hier.

Ich muss dieses Kapitel mit einer schonungslosen Offenbarung beginnen. Das meiste von dem, was ich nun vorstellen werde, ist heiß umstritten, und meine Perspektive auf die Dinge passt keineswegs zur Mehrheitsmeinung. Ich spreche hier bewusst von »Perspektive« und nicht von »Meinung«, denn das hier ist ja kein Meinungsartikel. Ich stelle einfach die Fakten vor. Dabei gibt es keinen Mangel an dem, was manch anderer als »alternative Fakten« bezeichnen würde, die in diesem Fall zum Mainstream gehören, nahe am Konsens der Klima-Bewegung sind und den Fakten in diesem

Kapitel widersprechen. Es ist ein wenig unglücklich, dass sich das so ergeben hat, zugegeben. Ich muss diesen Disclaimer deshalb hier platzieren, weil Geoengineering vermutlich das am meisten missverstandene Phänomen in der modernen Klimadiskussion ist.

Im Grunde meint Geoengineering (oder Climate Engineering) den absichtlichen Eingriff in das Klimasystem der Erde. Man muss es also scharf unterscheiden von menschlichen Handlungen, die sich indirekt auf das Klima auswirken, es aber eben nur unabsichtlich beeinflussen. Solche Handlungen haben wir in den letzten Jahrhunderten auf höchst effektive Weise ausgeführt. Sie haben aber weniger mit »Ingenieurskunst« zu tun als mit einem »Spiel mit dem Feuer« (wenngleich man sich schon fragen muss, ab wann man wirklich von »unabsichtlich« reden kann).

Dieses Spiel mit dem Feuer läuft schon länger, als wir gewöhnlich meinen. (Unabsichtliches) Geoengineering ist ein alter Hut. Die ersten Hinweise auf eine vom Menschen verursachte klimatische Destabilisierung gehen womöglich bis ins 16. und 17. Jahrhundert zurück. Einige Wissenschaftlerinnen sind inzwischen überzeugt, dass die Ermordung von 50 Millionen Ureinwohnern Amerikas zwischen 1492 und 1619 zu einem Wandel des dortigen natürlichen Habitats führte, der im 17. Jahrhundert eine kurze globale Abkühlungsphase auslöste.

Wie steht es nun aber mit der direkten, absichtlichen Beeinflussung des Klimas, die auf den Schutz der Erde zielt? Diese Strategie wird häufig eng mit der Idee von solarem Geoengineering assoziiert, also mit dem Versprühen von Aerosolen in den Himmel, wo sie die Menge des reflektierten Sonnenlichts erhöhen und somit die globale Erwärmung reduzieren helfen sollen. Meist nutzen wir den Begriff, um auf nicht-kohlenstoffbasierte Interventionen zu verweisen, die unser Klima beeinflussen sollen. In seiner engsten Bedeutung steht der Begriff Geoengineering dann für »Strahlungsmanagement« oder »Solar Radiation Management«, also für eine Methode, mit der das Aufheizen unseres Planeten durch die Sonne verhindert werden soll.

Zu beachten ist also der folgende Unterschied: Kohlenstoffdioxid oder Treibhausgase ganz allgemein beeinflussen – wie der Name schon verrät – das Ausmaß, in dem unsere Atmosphäre die Hitze der Sonne speichert. Dagegen beeinflusst das Solar Radiation Management das Maß, in dem das Sonnenlicht überhaupt erst auf die Erde trifft und die Möglichkeit bekommt, sie zu erwärmen (beziehungsweise die Menge des Lichts, das dann wieder zurück reflektiert wird, wenn es mal da ist). Eigentlich hat Geoengineering auf eine keineswegs eindeutige und intuitive Weise mit beiden Interventionen zu tun.

Reden wir über Bäume. Sie sind ein zentrales Element des »traditionellen« Eingriffs ins Klima, vor allem dank ihrer Fähigkeit, CO_2 (zumindest zeitweise) zu speichern. Allerdings speichern Wälder auch Wärme. Dafür sorgt das dunkle Dach des Waldes, das die Hitze sozusagen gefangen hält. Das Maß, in dem Wald (oder irgendein anderes Objekt, ein Hausdach, ein Auto etc.) Licht und Wärme in den Himmel zurückstrahlt, nennt man Albedo. Dunkle Farben speichern die Hitze besser, helle Farben reflektieren sie besser (genau wie sie auch mehr Licht reflektieren). Es hat schon seinen Grund, weshalb die wunderschönen griechischen Küstenstädtchen in Weiß erstrahlen. Auch hier spielt eben der Albedo-Effekt eine Rolle.

Dieser Effekt kann so signifikant sein, dass Wissenschaftlerinnen in Israel schlussfolgerten: »Es kann bei bestimm-

ten Waldarten Jahrzehnte des Wachstums dauern, bis der
›Kühleffekt‹ der CO_2-Absorption den entgegenwirkenden
›Erwärmungsprozess‹ übertrifft.« Damit möchte ich nicht
suggerieren, Bäume würden nichts gegen den Klimawandel
ausrichten, sondern betonen, dass selbst bei Bäumen noch
andere Aspekte zu beachten sind als nur Kohlenstoffdioxid.
Die Vorstellung, man könne sauber trennen zwischen der
Kontrolle der Sonnenstrahlung und der Treibhausgasemissionen, ist etwas idealistisch. Und wie so oft beim Klimawandel hören damit die schlechten Nachrichten nicht auf.
Eine weitere tragische Rückkopplungsschleife des Klimawandels ist die Eisschmelze, die das weiße Schneelicht der
Polarregionen reduziert, und demzufolge auch die Klimaeffekte verstärkt.

Die Gegner des Geoengineering meinen jedenfalls den
falschen Weg zu kennen. Ihr Manifest *Hände weg von Mutter
Erde!* (klasse Titel!) wurde von über 180 zivilgesellschaftlichen Organisationen und bekannten Bürgerinitiativen unterzeichnet und lehnt jegliche Form des Geoengineerings
ab, wobei der Begriff hier für die CO_2-Abscheidung und
-Speicherung sowie für großflächige Wiederaufforstung
steht, also eigentlich für alles.

Was ist denn nun das Problem mit Geoengineering? Auch
wenn groß angelegte Wiederaufforstungsprojekte negative
Auswirkungen haben können – und es wäre falsch, das zu
verschweigen, denn sie können sich unter Umständen negativ auf die existierende Biodiversität und die indigene
Bevölkerung vor Ort auswirken –, so sind sie doch kein *existenzielles* Risiko, Albedo-Effekt hin oder her. Größere Unsicherheit besteht hingegen bei systemischen Interventionen
wie bei dem genannten Solar Radiation Management.

Über die Albedo haben wir bereits gesprochen, also das Maß, inwieweit eine Oberfläche die Sonneneinstrahlung reflektiert. Ein schwarzes Objekt, das alle Strahlung absorbiert, hat den Wert 0, ein Objekt, das nichts absorbiert, den Wert 1. Das Solar Radiation Management bemüht sich, die unsere Erde erhitzende Sonnenstrahlung zu reduzieren, also den Albedo-Wert in Richtung 1 zu schieben. Eine derzeit als durchführbar erachtete Intervention dieser Art wäre das Versprühen von Aerosolen (fein verteilten, in der Luft schwebenden Teilchen) in der Atmosphäre. Wir wissen, dass so etwas funktioniert, denn genau das machen Vulkane: Wenn sie ausbrechen, haben sie genau diesen Effekt auf das Klima der Erde. Sie wirken also gegen Erwärmung, aber sie drohen auch Kälte zu verursachen (den genauen Effekt beleuchten wir später, aber hier sei schon einmal gesagt: Sie emittieren Treibhausgase und das Sonnenlicht reflektierende Gase) und sind deshalb unter bestimmten Umständen ein existenzielles Risiko. Wenn ein Vulkan ausbricht, kann das kurzfristig ziemlich drastische Folgen haben – wir sprechen hier von fünf bis zehn Grad Celsius Rückgang im globalen Mittel. Wenn aber der Kampf gegen die Erderwärmung geführt wird, dann ist das Ausbringen von Aerosolen eine wirkungsvolle Methode, für eine Veränderung des Lichteinfalls und der Lichtabstrahlungen von der Erde zu sorgen. Es bildet sich eine Art ausgeklügelter »Lichtschirm«.

Obgleich man auf der technischen Seite ein wenig Raffinesse braucht, wäre ein solcher Eingriff nicht notwendigerweise sehr kompliziert. Man kann sich das ungefähr so vorstellen, als würde man Aerosole mit einer riesengroßen Spraydose aus dem Fenster pusten. Allerdings wäre das Ganze ziemlich teuer, man könnte nicht vorher testen und müsste mit globalen Auswirkungen rechnen. Daher stehen wir auch vor einer ganzen Reihe von Unbekannten. Ein absehbares Risiko besteht darin, dass das Solar Radiation Management dazu führen könnte, dass wir das Tempo bei der Dekarbonisierung drosseln, und falls das Ganze dann doch scheitert, dürfte die globale Temperatur mit einem Schlag durch die Decke gehen. Die Aerosole würden wie ein Bodyguard im Himmel funktionieren, der die Sonnenstrahlen abhält. Tatsächlich ist ein natürliches Experiment in dieser Hinsicht die Reduktion von Sulfat-Emissionen in der Schifffahrt. Zumindest ein kleiner Teil des Klimawandels der letzten Jahre ist möglicherweise hierauf zurückzuführen, da Sulfat eben genau diese reflektierenden Eigenschaften hat.

Beim Geoengineering dürfte man dem Bodyguard jedoch keinen einzigen Tag freigeben. Die Lage könnte sich zuspitzen, wenn der Kohlenstoffkreislauf aufgrund natürlicher Feedbackschleifen aus dem Ruder läuft (also die Erde jenseits unserer direkten Einwirkung bei den Treibhausgasemissionen aus der Balance gerät). Plötzlich müssten wir das Geoengineering als Reaktion auf die außer Kontrolle geratenen Emissionen weiter beschleunigen.

Außerdem würden die Aerosole nicht nur die Sonnenstrahlen abhalten. Sie dürften auch Auswirkungen auf das Mikro- und Regionalwetter haben sowie Stürme, die Wolkenbildung und vieles andere beeinflussen, was in einigen Gebieten der Erde zu dramatischen Konsequenzen hinsichtlich Trockenheit oder Überschwemmungen führen könnte. Wir wissen einfach noch nicht genug darüber – nur so viel, dass man mit diesen Technologien eine Menge Schaden anrichten kann. Eine Herausforderung durch den Klimawandel besteht eben in der dramatischen Veränderung des Klimas innerhalb kürzester Zeit. Entsprechend könnte es auch beim Geoengineering zu einer Eskalation von Effekten kommen.

Obgleich all die erwähnten Gefahren real sein mögen, lösen sie doch nicht die Art von Angst aus, bei der man sich gleich unter dem Bett versteckt. Von einer solchen radikalen Panik war ich noch ausgegangen, als ich mich vor ein paar Jahren zum ersten Mal mit diesem Thema beschäftigte. Dass die Angst nachgelassen hat, liegt unter anderem daran, dass inzwischen an einer Reihe von Erfindungen geforscht wird, die uns erlauben, das Geoengineering stufenweise einzuführen sowie bereits getätigte Eingriffe behutsam rückgängig zu machen. So etwas ist beruhigend für den Fall, dass wir Mist gebaut haben.

Ein Beispiel für eine dieser neueren Erfindungen ist das Passive Daytime Radiative Cooling (PDRC, zu Deutsch etwa: Passive Strahlungskühlung am Tag). Es funktioniert ähnlich wie die Aerosol-Idee: Man verteilt großflächig strahlungsreflektierendes Material (also Spiegel) auf der Erdoberfläche, um die tagsüber von der Sonne einfallende Hitze zurück ins Weltall zu katapultieren. In der Liste der Nachteile zu dieser Technologie findet sich unter anderem das Problem, »geblendet zu werden«. Gut, ich wäre so frei, dieses Risiko in Kauf zu nehmen.

Ein weiterer großer Vorteil des PDRC wäre, dass wir die Spiegel einfach wieder entfernen könnten, wenn etwas schiefgehen sollte. Obgleich die uns zur Verfügung stehende Landfläche begrenzt ist, liegen doch rund 19 Prozent davon brach (wobei natürlich dieses Land typischerweise schon sehr gut reflektiert, Stichwort Wüste und Eis). Aber trotzdem: viel Platz, um Sonnenreflektoren aufzubauen.

Wir haben nun bei Weitem noch nicht alle Ideen rund

um das Geoengineering erwähnt. Eine andere Überlegung für eine Intervention betrifft den Säuregehalt der Ozeane, über den man ihre Fähigkeit zur Speicherung von Treibhausgasen beeinflussen könnte. Auch hier erleben wir ein Spiel mit dem Feuer (beziehungsweise dem Wasser). Die Chancen stehen gut, dass die Experimente schiefgehen, zumindest einige von ihnen, was desaströse Folgen für örtliche Gemeinschaften und biologische Habitate haben könnte. Ich leugne diese Gefahren nicht, hebe sie aber nicht auf das Niveau eines globalen Risikos. Auch sind diese Risiken nichts im Vergleich zu dem, was der Klimawandel selbst für uns bereithält. Wenn wir tatsächlich glauben, dass wir die »letzte Generation« sind, so wie es sich die jungen Klimakriegerinnen in Deutschland auf die Fahne geschrieben haben, dann sind Geoengineering-Risiken »the cost of doing business«, also der Preis, den wir zahlen müssen, um die Menschheit vor sich selbst zu schützen.

Allerdings hält die Geschichte des Geoengeneerings noch eine erschreckende Wendung für uns parat: das Ausmaß, in dem es als Waffe verwendet werden könnte. Ein Klimawissenschaftler erzählte mir jüngst, die Geoengineering-Kritik sei in seinen Augen lediglich ein »Cover-up«, mit dem die Entwicklung der »Atomwaffe des 21. Jahrhunderts« verhindert werden solle. Seine Worte, nicht meine.

Ein Staat, der in der Lage wäre, das globale und regionale Klima zu beeinflussen, hielte eine Massenvernichtungswaffe in den Händen, gegen die eine Atombombe verblassen würde. Eine Waffe, die Wirbelstürme in den Südstaaten der USA und Schneestürme mit vier Metern Schnee in den Nordstaaten erzeugen kann. Militärische Kapazitäten würden kollabieren. Und in diesem Fall ist es x-mal einfacher, sich vorzustellen, dass jedes Land diese Fähigkeiten entwickeln könnte. Als Berliner weiß ich, dass »Sprayen« um einiges einfacher ist als das Basteln von Atombomben.

Man mag sich also globale Klimakriege zwischen Saudi-Arabien und Russland ausmalen, in denen das eine Land einen Temperaturrückgang von drei Grad Celsius provozieren will, um entspannte mediterrane Temperaturen zu genießen, und das andere Land vielleicht eine Erhöhung um plus drei Grad Celsius optimal fände, um die sibirische Tundra in ein Paradies zu verwandeln.

Letzten Endes wird Geoengineering schlicht zu einer Frage des Überlebens werden. Malen wir uns kurz aus, die Vereinigten Staaten wären eine Insel wie Fidschi. Wären die Fidschi-Inseln in der Lage, die globalen Temperaturen zu beeinflussen, würden sie nicht alles daransetzen, ihr Überleben zu sichern? Ich bekomme Albträume beim Gedanken daran, wie Saudi-Arabien und Russland auf einem zukünftigen Klimagipfel darum streiten, ob wir die globale Durchschnittstemperatur nun heben oder senken sollten – jeweils unter der Voraussetzung, dass Geoengineering ein für alle verfügbares Werkzeug ist.

Man stelle sich eine zukünftige Welt vor, die aussieht wie der Heiligabend zu Hause, an dem die lieben Verwandten heimlich den Heizungsthermostat rauf- oder runterregeln, bis man sich schließlich das Geschirr um die Ohren wirft, während Tante Susi ihren persönlichen Lüfter laufen lässt, Cousin Jimmy die Fenster aufreißt und Onkel Karl beschließt, dass im Kamin jederzeit sechs Scheite brennen müssen. Unsere Zukunft auf den Punkt gebracht. Die United States Defense Advanced Research Projects Agency (Behörde für die Forschungsprojekte der Verteidigung) hat bereits ein Projekt gestartet, um verdächtige Geoengineering-Initiativen im Blick behalten zu können. Wenn sich das

US-amerikanische Militär um etwas kümmert, kann man sicher sein, dass ein Problem vorliegt.

In diesem Sinne: Ja, Geoengineering stellt ein Zivilisationsrisiko dar. Das bedeutet aber nicht, dass die Menschheit unter allen Umständen die Finger davon lassen sollte. Eine nicht unerhebliche Zahl an Risiken in diesem Buch lässt sich wohl nur durch Geoengineering abmildern, etwa der Ausbruch von Supervulkanen – und vielleicht sogar der Klimawandel. Vor allem aus diesem Grund weicht meine Lesart der Fakten zum Geoengineering vom Mainstream ab. Wie kein anderes Beispiel in diesem Buch ist Geoengineering ein existenzielles Risiko – und zugleich auch eine existenzielle Chance.

HITZE UND KLIMAWANDEL

DAS RISIKO IN EINEM SATZ: Der menschengemachte Klimawandel entpuppt sich als unumkehrbar und unkontrollierbar, sodass unser Planet unbewohnbar wird und wir auf den Mars umziehen müssen.

MUSS ICH MIR SORGEN MACHEN? Ganz so weit wird es nicht kommen, nicht zuletzt dank Geoengineering. Aber wir steuern mit hohem Tempo auf eine Welt zu, in der große Gebiete unbewohnbar sein werden. Der unkontrollierte Klimawandel könnte Dutzende, wahrscheinlich sogar Hunderte Millionen von Menschen töten und bis zu einer Milliarde bis 2050 zu Klimaflüchtlingen machen. Also, ja, sich Sorgen zu machen ist wahrscheinlich keine schlechte Idee.

Dieses Kapitel heißt »Hitze und Klimawandel« – nicht einfach »Klimawandel« oder »Klimakrise« –, weil es ganz konkret die Hitze ist, die den größten Anlass zur Sorge gibt (und weil der Buchstabe »K« auch leider schon vergeben war).

Die meisten Menschen – ich hoffe, alle –, die dieses Buch lesen, wissen um die Klimakrise. Ob Menschen in modernen Gesellschaften nun Auto fahren, heizen oder konsumieren, sie stoßen dabei Treibhausgase aus. Treibhausgase heißen so, weil sie die Hitze in unserer Atmosphäre gefangen halten und damit einen Treibhauseffekt erzeugen. Sie erhöhen also die Hitzemenge, die unser Planet von der Sonne aufnimmt. Das sorgt für einen globalen Temperaturanstieg. Wir sehen darin ein Problem, da unser gegenwärtiges Ökosystem oder unsere Umwelt für andere Temperaturen ausgelegt ist. Wir leben an Orten, die aufgrund des ansteigenden Meeresspiegels überflutet werden. Unsere Lebensmittelproduktion hängt von spezifischen Klimabedingungen ab. Und wir haben Wirtschaftsstrukturen, Handelsbeziehungen und soziale Dynamiken entwickelt, die nur unter bestimmten Temperaturen gedeihen können.

Doch damit nicht genug. Wir sind nicht allein auf dieser Welt, und das sich schnell verändernde Klima ist auch eine Bedrohung für die Flora und Fauna, mit der wir uns den Planeten teilen. Die entscheidenden Fragen lauten, wie empfindlich die Systeme auf ein sich wandelndes Klima in Echtzeit reagieren, wie sich diverse Schocks und Krisen auf die Systeme auswirken und welche Kosten sie verursachen (beispielsweise für die Umsiedlung von Menschen aus überschwemmten Gebieten oder für die Opfer extremer Wetterereignisse, deren Zahl in bestimmten Fällen durch den Klimawandel zunimmt), wie sich Gesellschaften an neue Bedingungen anpassen, wie die Verteilung von Ressourcen angesichts des Klimawandels auf gerechte Weise nachverhandelt werden kann, und natürlich wie wir das alles verhindern können. Letzten Endes aber kommt es darauf an, den Klimawandel zu bremsen und seine Auswirkungen abzuschwächen. Darum geht es, zusammengefasst, bei der Klimadiskussion.

Die Hitze aber ist speziell, denn wir können oberhalb eines bestimmten Hitzelevels nicht überleben. Natürlich wird die Hitze durch den Klimawandel befeuert, weshalb es auf den ersten Blick so aussehen mag, als würde ich hier eine künstliche Unterscheidung treffen. Die globale Erwärmung ist Hitze, und Hitze ist die globale Erwärmung. Aber Hitze ist körperlich, unmittelbar, mit ihr handelt man sich ein Risiko ein, das fast nicht handhabbar ist, dem man auch ab einem gewissen Niveau nicht durch Anpassung entgehen kann.

Wenn man vergleichend auf alle Auswirkungen des Klimawandels blickt, dann verdient die Hitze einen Sonderstatus. Wir können Lebensraum unterhalb des Meeresspiegels schaffen – die Niederlande haben diese Strategie mit kunstvollen Deichbauten über Jahrhunderte hinweg perfektioniert. Das funktioniert vielleicht nicht überall und immer, und womöglich können wir uns das auch wirtschaftlich nicht leisten, aber zumindest hätten wir die Fähigkeiten dazu. Wir können die Lebensmittelproduktion umstellen, die Zyklen der Wirtschaftsaktivitäten anpassen, wir können bewässern, wir können Wasser erzeugen, wir können vieles mehr. An einigen Maßnahmen hängen ziemlich große Preisschilder, andere gehen mit dramatischen Kosten für die Gesundheit, das kulturelle Kapital oder den gesellschaftlichen Zusammenhalt einher. Aber wir können versuchen, all diese Kosten in den Griff zu bekommen. Hitze hingegen ist der finale Gegner, der »boss fight«. Hitze ist ein anderes Kaliber.

Der Hitzetod an sich mag nicht als neues oder neuartiges Phänomen durchgehen. Er schlägt überall zu, bei den Schwachen, den Kranken, den Alten, die ihre Körpertemperatur im heißen Sommer schlechter regulieren können. Aber auch junge Menschen kann der Hitzetod treffen. Eines der ersten »belegten« Opfer des Klimawandels war ein Sechsjähriger aus dem japanischen Toyota, der 2018 bei einem Klassenausflug in einen Park am Morgen kollabierte und am Nachmittag verstarb. Wenn ich mit unserer herzzerreißenden Gleichgültigkeit hadern will, denke ich an ihn.

Durch den Klimawandel werden solche Todesfälle häufiger vorkommen, wobei wir dann natürlich, wie jeder Klimaskeptiker oder -leugner, der etwas auf sich hält, anmerken würden mit entsprechend weniger Kältetoten zu rechnen haben. Und tatsächlich gibt es Grund zur Annahme, dass die temperaturbedingte Mortalität in den vergangenen Jahrzehnten zurückgegangen ist, und zwar nicht nur wegen der verbesserten Anpassung von Lebensweisen, sondern auch wegen wärmerer Winter. Doch natürlich wird das Pendel in die andere Richtung ausschlagen, sobald wir uns der globalen Erwärmung von 1,5 bis 2 Grad Celsius im Vergleich zum vorindustriellen Zeitalter annähern: Einige Schätzungen gehen bis zum Ende des Jahrhunderts von bis zu zehn Millionen Klimatoten jährlich aus (zu denen noch indirekte Opfer etwa durch klimabedingte Verarmung und Klimakriege hinzugezählt werden müssten). Das Neue am Hitzetod wird sein, dass die Umwelt in weiten Teilen der Welt für *alle* Menschen physisch unbewohnbar werden wird, für Junge wie für Alte, für Gesunde wie für Kranke.

Um das zu verstehen, brauchen wir einen kleinen Exkurs über die Funktionsweise unseres Körpers. Denn der ist eine Maschine in Bewegung und produziert somit Wärme. Um nicht zu überhitzen, gibt der Körper über unsere Haut Hitze ab, nach dem gleichen Prinzip, wie ein Drink mit Eiswürfeln gekühlt wird. Die Außentemperatur ist niedriger als die Körpertemperatur, was es uns ermöglicht, eine stabile Temperatur zu halten. Wird es zu kalt, kann der Körper dies nicht mehr regulieren, und wir erfrieren.

Das ist ein ganz einfacher Prozess. Allerdings ist die Luft um uns herum manchmal so heiß, dass wir über die einfache Kühlung der Haut nicht genug Hitze abgeben können. Statt mit Eiswürfeln haben wir unseren Drink mit lauwarmem Wasser verdünnt. Also fangen wir an zu schwitzen – ein Vorgang, der die Wärmeabgabe über unsere Haut an die Außenwelt beschleunigt, indem Energie in unserem Schweiß abgepackt wird. Verdunstet der Schweiß, nimmt er die Hitze mit.

Ein Problem bekommen wir dann, wenn der Schweiß nicht verdunsten kann, da die Außenluft genauso feucht ist wie der Körper. Feuchtigkeit drosselt die Verdunstung des Schweißes, was auch der Grund dafür ist, dass sich 30 Grad Celsius bei hoher Luftfeuchtigkeit heißer anfühlen als trockene 30 Grad Celsius (in kalten Klimazonen ist der Effekt interessanterweise genau umgekehrt). Dies lässt sich durch die sogenannte Kühlgrenztemperatur messen, dem Äquivalent einer Temperaturmessung mit einem nassen Stoff um das Thermometer. Menschen, die einer Kühlgrenztemperatur (einem WBGT-Index, aus dem Englischen »wet bulb globe temperature« oder »Feuchtkugel-Globus-Temperatur-Index«) von 35 Grad Celsius (39 Grad Celsius bei etwa 75 Prozent Luftfeuchtigkeit) ausgesetzt sind, haben eine Lebenserwartung von etwa sechs Stunden. Das war's. Mehr geht für Menschen nicht. Niedrigere Level haben immer noch negative gesundheitliche Auswirkungen, und einige Wissenschaftlerinnen sehen die Schwelle für die Unbewohnbarkeit einer Region eher bei 31 bis 32 Grad WBGT-Celsius über einen längeren Zeitraum. Für Geschwächte und Kranke gilt definitiv ein niedrigerer Grenzwert. Doch 35 Grad WGBT-Celsius werden allgemein als Obergrenze anerkannt.

Das Problem sind also nicht allein hohe Temperaturen – 40 Grad Celsius sind auf der arabischen Halbinsel beispielsweise keine Seltenheit, doch die geringe Luftfeuchtigkeit macht diese Orte bewohnbar. Zu den von den zukünftig hohen Kühlgrenztemperaturen besonders betroffenen Gebieten dürften laut NASA »bis etwa 2050 Südasien, der Persische Golf und die Region rund um das Rote Meer, bis 2070 Ostchina, Teile Südostasiens und Brasilien« gehören – was rund die Hälfte der Weltbevölkerung in Mitleidenschaft zöge. Deutschland und Nordeuropa werden in diesem Jahrhundert wohl nicht betroffen sein, auch wenn die Höchststände schätzungsweise bei bis zu 31 Grad Celsius liegen werden, was für viele immer noch sehr unangenehm (und für andere tödlich) sein dürfte.

In unserem Alltag werden solche Temperaturen selten dauerhaft erreicht (und in der Nacht sowieso fast nie). Aber wir müssen nicht bis 2050 warten, um solche Temperaturen zu erreichen. Wir haben sie alle schon erlebt. Und wenn die Abkühlung in der Nacht zu gering ausfällt, hat der Körper nicht genug Zeit, sich zu regenerieren. Die Häufigkeit erhöhter WBGT-Werte über der 30-Grad-WBGT-Celsius-Grenze hat sich in den letzten 40 Jahren verdreifacht. Und der Sommer 2023 brach alle Rekorde. Die Hitze kommt dauerhaft auf uns zu.

Erreichen wir diese Extremtemperaturen, werden bis zum Ende des Jahrhunderts Dutzende, vielleicht sogar Hunderte von Millionen Menschen sterben. Da weite Teile der Tropen und Subtropen entweder unbewohnbar oder so heiß sein werden, dass nachhaltiges Wohlergehen nicht mehr möglich ist, werden Hunderte Millionen Menschen vertrieben und unterwegs sein, das sind Klimaflüchtlinge in unvorstellbarer Zahl. Eine Studie spricht gar von mehr als einer Milliarde Klimaflüchtlingen im Jahr 2050. Sie werden irgendwohin gehen müssen, und derzeit scheint es unwahrscheinlich, dass das Ausmaß dieser Menschenströme eingedämmt werden kann.

Das ultimative Klimarisiko ist demzufolge nicht der (relativ gesehen) langsame Anstieg des Meeresspiegels, sondern dass Regionen unbewohnbar werden und Abermillionen vertrieben werden. Im Horrorszenario sterben sie dann entweder an Hitze oder im Krieg um neuen Lebensraum. Angesichts der schon heute bestehenden politischen Konflikte rund um Migration und Flüchtlinge sind die von einer solchen Dynamik ausgelösten sozialen und wirtschaftlichen Konflikte und Verwerfungen kaum vorstellbar. Die Worst-Case-Szenarien, wie sie der Weltklimarat derzeit vorhersagt, wirken im Vergleich zu jener Dynamik auf unverantwortliche Weise harmlos. Diese Szenarien sagen voraus, dass die Wirtschaft bis zum Ende des Jahrhunderts durch den Klimawandel ein paar Prozentpunkte beim Bruttoinlandsprodukt einbüßt. Der Bericht des Weltklimarats umfasst mehr als 3000 Seiten, und die Analyse der wirtschaftlichen Auswirkungen sind weniger als zehn davon. Gedämpfte wirtschaftliche Auswirkungen, instrumentalisiert von der Klimaleugnergemeinschaft, die suggeriert: ja, es sterben vielleicht ein paar Tiere, aber der wirtschaftliche Wohlstand ist nicht in Gefahr. Dieser Bericht ist ein Dokument des Scheiterns der Klima-PR. Manchmal buddeln

meine Klima-Forscherinnen-Freunde wirklich ihr eigenes Grab.

Man kann es drehen und wenden, wie man will: Die sozialen und ökonomischen Konsequenzen der Hitze sind tatsächlich existenziell. Was diese Aussichten wahrlich erschreckend macht, ist die Unerbittlichkeit dieser Hitze. Wie es der Klimaforscher Gary Peters auf den Punkt gebracht hat: Selbst mit Klimaanlage dürften nur die wenigsten Menschen in einer Region leben wollen, in der ein Stromausfall oder eine defekte Klimaanlage augenblicklich zu einer Frage von Leben und Tod wird. Doch Teile dieser Welt bewegen sich mit großer Geschwindigkeit darauf zu.

Da es eine derartig überhitzte Natur noch nie in der Menschheitsgeschichte gegeben hat (beziehungsweise Menschen ihr noch nie massenhaft ausgesetzt waren), fällt es schwer, über die damit verbundenen Risiken zu sprechen. Auf die schlimmsten Klimaszenarien sind wir mental schlecht vorbereitet. Obwohl wir die Klimakrise im politischen, ökonomischen und naturwissenschaftlichen Diskurs in den Mittelpunkt stellen, tappen wir, was die sozialen Risiken angeht, noch ziemlich im Dunkeln.

Es ist wahrscheinlich, dass Regierungen massiv auf Geoengineering zurückgreifen werden, um die Konsequenzen des Klimawandels abzuschwächen. Und trotz der Schwarzmalerei machen wir enorme Fortschritte darin, Klimaziele zu erreichen. Als ich angefangen habe, zu diesem Thema zu forschen, war der Referenzpunkt noch 4 bis 6 Grad Celsius. Heute sind Studien bei 2,5 bis 2,9 Grad Celsius. Wenn wir Nettonull-Emissionen noch in diesem Jahrhundert erreichen, was eine sehr realistische Annahme ist, schaffen wir es vielleicht sogar, das Zwei-Grad-Celsius-Ziel zu erreichen. Die von mir geleitete *Inevitable Policy Response Initiative*, ein

Konsortium von Klima-Prognostikern, rechnet sogar mit 1,8 Grad Celsius in diesem Jahrhundert. Natürlich kommen wir hier auf mein Lieblingsthema zurück (und meinen Lieblingskinderbuchautor Erich Kästner): Es gibt nichts Gutes, außer man tut es.

Aber selbst bei solchen Temperaturen wird die Hitze ein Problem. Wir befinden uns schon jetzt in manchen Regionen mitten in einer Krise. Einigen erscheint der Klimawandel als ein sich langsam aufbauendes Risiko, bei dem jeder Sommer ein bisschen heißer und jeder Winter ein bisschen unbeständiger wird. Doch all die Menschen, die sich innerhalb der nächsten Jahrzehnte auf den Weg machen werden, sind alles andere als ein sich langsam aufbauendes Risiko. Sie sind nicht so abstrakt wie der Anstieg des Meeresspiegels um mehrere Meter während der nächsten Jahrhunderte. Der Klimawandel bringt Veränderungen mit sich, er geschieht jetzt und stellt uns vor existenzielle Herausforderungen.

INTERPLANETARE KORONALE MASSENEJEKTION (SONNENERUPTION)

DAS RISIKO IN EINEM SATZ: Eruptionen auf der Sonne (sogenannte »Solar Flares« oder koronale Massenauswürfe) schießen mit Wucht durch die Erdatmosphäre und unterbrechen die Kommunikations- sowie die Stromnetze, womit sie die für die moderne Wirtschaft überlebenswichtige Infrastruktur auslöschen, was wiederum zu Hungeraufständen, dem Zusammenbruch von Regierungen und der Verhängung des Kriegsrechts führt.

MUSS ICH MIR SORGEN MACHEN? Ja, eine solche Ejektion dürfte dein iPhone ruinieren, falls es gerade an der Steckdose hängt. Und für einige Monate die Versorgung mit Lebensmitteln und Strom unterbrechen. 2012 verfehlte uns eine Eruption nur knapp. Der letzte große koronale Massenauswurf ereignete sich 1859, und historische Aufzeichnungen legen nahe, dass es etwa alle 150 Jahre zu einer beträchtlichen Eruption kommt. Die NASA gibt die Wahrscheinlichkeit, dass es in den nächsten zehn Jahren wieder so weit ist, mit etwas mehr als zwölf Prozent an. Es kann also jeden Tag losgehen …

Sonneneruptionen entstehen durch elektrische Stürme, die auf der Sonne toben. Diese Stürme gibt es ständig, doch manchmal werden sie von der Sonne in unser Sonnensystem »ausgeworfen«, und da sie von der Korona der Sonne ausgehen, nennt man sie koronale Massenauswürfe.

Im Prinzip könnte uns all das egal sein. Unsere Atmosphäre beschützt uns vor diesen elektromagnetischen Stürmen, und wir nehmen sie nur dann wahr, wenn sie den Himmel an den Polen erstrahlen lassen – ein Phänomen, das wir als Polarlicht oder Aurora borealis (Nordhalbkugel) beziehungsweise Aurora australis (Südhalbkugel) kennen. Ja, genau, diese Lichter entstehen durch elektromagnetische Sonnenstürme. Und eigentlich spricht nichts dafür, dass sie mehr Schaden anrichten können, als einige Nächte mit buntem Licht aufzuhübschen. Wäre da nicht das winzige Problem, dass wir in einer Welt leben, die von einem funktionierenden Stromnetzwerk abhängig ist.

Die Erde wurde vom Anfang ihres Bestehens an von der Sonne beschossen, Tag für Tag. Keine Tierart, keine Lebensform und kein Ökosystem scheinen sich darum sonderlich zu scheren, zumindest nicht mehr. Und doch ist dieses Kapitel irgendwie eines der gruseligsten in diesem Buch (wie der einleitende Satz vielleicht schon verdeutlicht). Eine einzigartige Eigenschaft der modernen Zivilisation macht die Erde so anfällig für dieses Ereignis: die Erfindung der Elektrizität.

Alles, und ich meine wirklich alles, hängt vom Strom ab. Keine Elektrizität – kein fließendes Wasser. Keine Elektrizität – keine Tankstelle, keine Autos, keine Züge, keine Verkehrsmittel, nicht einmal Verkehrsmittel mit fossilen Treibstoffen. Keine Elektrizität – keine gekühlten Lebensmittelvorräte und natürlich kein Nachschub von Essen.

Keine medizinische Versorgung mehr von Patientinnen, die dauerhaft betreut werden müssen (Sauerstoff etc.). Keine Straßenbeleuchtung mehr (was zugegebenermaßen kein großer Verlust wäre, da es ohnehin keine Autos mehr gibt, die hier fahren könnten). Keine öffentlichen Dienstleistungen (Feuerwehr, Polizei, Krankenwagen, Müllabfuhr etc.). Fast alles würde augenblicklich zusammenbrechen. Keinen Strom zu haben ist nicht der planetenzerstörende Asteroid oder die aus dem Ruder gelaufene Künstliche Intelligenz oder die Invasion von Außerirdischen. Doch nichts bringt uns der Steinzeit so nahe wie ein Blackout. Und nichts bringt uns einem Blackout so nahe wie eine Sonneneruption.

Und das ist der Grund, weshalb diese Eruptionen so angsteinflößend sind. Wenn der weltweit größte Versicherungsmarkt Lloyds of London in seiner Risikoeinschätzung zum Thema Sonneneruption zur Schlussfolgerung kommt, ein einzelnes dieser Ereignisse könnte etwa 40 Millionen Menschen für einen Zeitraum von ein bis zwei Jahren (!!!) von der Stromversorgung abschneiden, dann haben wir wohl tatsächlich ein Problem.

Sonnenstürme kommen zudem nicht nur einmal alle tausend Jahre vor. Je nach Sonnenzyklus ereignen sie sich zwischen dreimal pro Tag bis zu einmal alle fünf Tage (einer der Gründe, weshalb das Polarlicht so zuverlässig ist). Zum Glück zielt die Sonne bei ihren Eruptionen etwa so gut wie ein Imperial Stormtrooper aus *Star Wars* (für all jene, die mit dem *Star-Wars*-Epos nicht so vertraut sind: Sie zielen überhaupt nicht). Und dennoch: Wenn man nur oft genug schießt, trifft man irgendwann auch irgendwas. Und die Sonne schießt im Grunde ununterbrochen. Auf diese Weise kam es zur letzten Sonneneruption, die unsere Stromversorgung unterbrach, im Jahr 1989, als in Québec rund neun Stunden ein Blackout herrschte und die Radioübertragung auf der ganzen Welt beeinträchtigte. Dabei war dies nicht einmal die dramatischste Eruption. Zum größten uns bekannten Ausbruch kam es 1859, dem sogenannten Carrington-Ereignis, benannt nach dem britischen Astronom Richard Carrington, der es aufzeichnete. Das Carrington-Ereignis hatte enorme Auswirkungen auf das viktorianische Internet (auch als Telegrafie bekannt), da es Telegrafenstationen durch Funkenschlag in Brand setzte und die Verbindungen unterbrach; das dazugehörige Nordlicht war noch auf Kuba zu sehen.

1859 scheint lange her zu sein, doch die NASA schätzt die Wahrscheinlichkeit, dass sich in den nächsten zehn Jahren ein ähnliches Ereignis wiederholen könnte, wie gesagt auf zwölf Prozent. Mit anderen Worten: Im Verlauf der nächsten 50 Jahre stehen die Chancen bei 1 zu 2. Diese Zahlen gefallen mir gar nicht. Das Carrington-Ereignis dürfte etwa dreimal so stark gewesen sein wie der Stromausfall in Québec. Vergessen wir nicht, dass das Versicherungsunternehmen von bis zu 40 Millionen Betroffenen ausgeht. Eine Studie der NASA spricht sogar von bis zu 130 Millionen! Ich weiß, die Verwendung von Ausrufezeichen in einem Buch hat manchmal etwas Albernes, aber mir ist es wirklich ein Rätsel, wie ich diesen Fakt besser betonen könnte. Ein einfacher Punkt am Satzende fühlt sich unzureichend an, da er dem sich dann entfaltenden Chaos und Leid nicht gerecht wird. Und die NASA ging bei ihrer Berechnung nicht einmal vom Carrington-Ereignis als Bezugspunkt aus, sondern von einem Supersturm des Jahres 1921, der nur halb so stark war. Macht also nach Adam Riese und Eva Zwerg möglicherweise über eine Viertelmillion potenziell

Betroffener oder ungefähr die Bevölkerung von Indonesien. Die ganze Sache ist einfach unglaublich erschreckend. Es lohnt sich, den Bericht hier ausführlicher zu zitieren:

Eine neuerliche Wiederholung des Carrington-Ereignisses könnte [...] zu umfassenden sozialen und wirtschaftlichen Verwerfungen führen. Stromausfälle würden begleitet von Radio-Blackouts und Satelliten-Fehlfunktionen; die Telekommunikation, GPS-Navigation, das Banken- und Finanzsystem sowie der Transportsektor würden in Mitleidenschaft gezogen. Einige Probleme würden sich mit dem Nachlassen des Sonnensturms von selbst wieder geben: Die Radio- und GPS-Übertragung dürfte rasch wieder möglich sein. Andere Probleme werden langfristiger bestehen bleiben. Es kann Wochen oder Monate dauern, einen durchgebrannten, viele Dutzend Tonnen schweren Transformator zu reparieren. Der gesamtwirtschaftliche Schaden dürfte allein im ersten Jahr bis zu zwei Billionen US-Dollar betragen, etwa das Zwanzigfache der von Hurrikan Katrina verursachten Kosten oder, um ein etwas jüngeres Beispiel heranzuziehen, ein Vielfaches der Kosten für das Rettungsprogramm der US-Regierung nach dem Platzen der Immobilienblase 2008.

Ein pessimistischeres oder auch Worst-Case-Szenario beschreibt eine Untersuchung von Mitarbeitern der Universität von Botswana. Demnach kommt es über ganze Kontinente hinweg zu Stromausfällen, Lebensmittelunruhen und dem Sturz von Regierungen. Die Verfasser schlagen vor, dass angesichts eines solchen Szenarios Vorräte für zwölf bis 24 Monate angelegt werden sollten.

Die oben schon erwähnte gute Nachricht ist, dass uns

die Erdatmosphäre vor den direkten Auswirkungen eines Sonnensturms schützt. Insofern gibt es keinen Grund zur Annahme, eine Eruption könnte die Erde zerstören. »Wir leben auf einem Planeten mit sehr dicker Atmosphäre, [...] die all die schädliche Strahlung abhält, die bei einem Flare entsteht«, erklärt Alex Young, stellvertretender wissenschaftlicher Direktor bei der Heliophysics Science Division im Goddard Space Flight Center der NASA in Maryland: »Wie wir feststellen konnten, waren selbst bei den stärksten Eruptionen der letzten 10 000 Jahre die Auswirkungen nicht stark genug, um die Atmosphäre so zu schädigen, dass sie ihre Schutzfunktion verloren hätte.« Das sind die guten Nachrichten.

Die schlechte Nachricht lautet, dass die Risiken für unser Elektrizitätssystem gewaltig sind. Auch geopolitisch dürften die Konsequenzen enorm sein. Ein Stromausfall dieser Größenordnung an der Ostküste der USA oder in Mitteleuropa könnte Länder militärisch verwundbar machen, Flüchtlingskrisen auslösen und die globale Machtverteilung verschieben.

Ganz blind sind wir nicht gegenüber diesem Risiko. Die Europäische Weltraumorganisation ESA und die NASA beobachten gemeinsam die Sonneneruptionen und stellen ein Frühwarnsystem zur Verfügung. Und es gibt Versuche, die Widerstandsfähigkeit der Energienetze zu stärken, wobei die Resilienz ziemlich billig zu haben ist. Kanada musste »nur« eine Milliarde Dollar für das Upgrade zahlen – allein für sein eigenes Netz, nicht das der ganzen Welt. Aber in Anbetracht des Risikos ein Schnäppchen. Solche Maßnahmen sind aber dringend notwendig, zumal unsere Abhängigkeit von der Stromversorgung in dem Maße weiter zunimmt, wie wir uns von fossilen Brennstoffen unabhängig machen.

Wer noch immer nicht alarmiert ist, sollte zur Kenntnis nehmen, was die NASA in einer ihrer Untersuchungen ausdrücklich betont: dass eine Sonneneruption sogar den wohl weitestgehenden Fortschritt der menschlichen Zivilisation bedroht, nämlich die Möglichkeit, die Toilettenspülung zu nutzen.

JÜNGSTES GERICHT

DAS RISIKO IN EINEM SATZ: Das Universum endet, und wir werden alle gerichtet.

MUSS ICH MIR SORGEN MACHEN? Zumindest auf dem Papier sind mehr als 50 Prozent der Weltbevölkerung davon überzeugt, dass genau so das Ende aussehen wird. Somit mag dieses Szenario sogar auf den größten »Konsens« aller Kapitel in diesem Buch stoßen. Eines ist klar: Wer auf der Anklagebank sitzt und auf den »falschen« Gott gewettet hat, der sollte sich tatsächlich Sorgen machen.

Dieses Kapitel hat einige schwere Brocken zu schultern. Wir springen in ihm von der Sonneneruption, einem Phänomen, das regelmäßig von zahllosen Wissenschaftlern auf der ganzen Welt beobachtet wird, zu etwas, das die meisten Deutschen eher in der Märchenecke oder der Esoterikabteilung einer Buchhandlung verorten würden. Es würde mich nicht überraschen, sollten einige Leserinnen nicht ganz verstehen, warum eines der großen in diesem Buch hervorgehobenen Risiken darin bestehen soll, dass Gott (?) alles Leben beendet (??) und dann ein »Jüngstes Gericht« (???) einberuft, um über alles Leben auf Erden ein Urteil zu fällen (????). Okay, Doomer!

Obwohl die Mehrheit der Deutschen skeptisch sein dürfte, glauben (theoretisch zumindest) mehr als 50 Prozent der Weltbevölkerung, dass genau dies geschehen wird. Das Jüngste Gericht kommt sowohl im christlichen als auch im muslimischen Kanon vor, und auch das Judentum kennt eine Variation dieser Idee. Endzeitkonzepte tauchen zudem in östlichen Traditionen auf, obgleich man dort eher von einer Wiedergeburt ausgeht. Uns hilft das nicht viel, obschon es sich ein wenig erbaulicher anhört.

Würden wir einer weltweiten Leserschaft alle Risiken dieses Buches für eine Abstimmung vorlegen, dürfte dieses Kapitel in der Kategorie »Die wahrscheinlichste Ursache für das Ende der Menschheit« die meisten Stimmen bekommen. Und selbst wenn es bisweilen so klingt, als würde ich mich über diese Vorstellung lustig machen, so muss man sich doch darüber im Klaren sein, dass es irgendein Szenario für das »Ende des Universums« geben muss. Die Versionen in den Abrahamitischen Religionen sind vielleicht besonders fantasievoll, aber es weiß natürlich niemand, wie das Ende des Universums tatsächlich aussehen wird. Vor diesem Hintergrund ist der Glaube an ein »Jüngstes Gericht« in gewisser Weise genauso gültig wie irgendwelche wissenschaftlichen Thesen auch.

Aus religiöser Perspektive ist dieser Moment des »Gerichts« positiv besetzt. Manchen gläubigen Christen mag der »Tag des Jüngsten Gerichts« etwas redundant erscheinen, da Jesus Christus bereits alle Sünden der Menschheit auf sich genommen hat, doch folgt man dem einflussreichen amerikanischen TV-Prediger Billy Graham, kann uns Gott durch diese Übung »für das belohnen, was wir für Ihn getan haben«. Dieser Gerichtstag ist einer, für den Christen auf der ganzen Welt (auch die, die gesündigt haben) auf einen aufmunternden Klaps auf die Schulter hoffen dürfen, wenn Gott sagt: »Sehr gut, du tüchtiger und treuer Diener« (Matthäus 25, 23). Klingt vielversprechend (für alle anderen sieht es natürlich schlecht aus). Es entspricht nun mal unserem Gemüt, dass nicht Reichtum oder Ruhm, sondern »Schulterklopfer« für viele das Erstrebenswerteste ist. Eigentlich ziemlich herzerweichend.

Also, wann ist es so weit, und wie erfahren wir davon? Weltuntergangspropheten sind immer der Meinung (Achtung, Einsatz dramatischer Musik): »Das Ende ist nah« (dum dum dum duuuummmm!). Wir leben zwar in einer Zeit, in der wir die Zerbrechlichkeit des menschlichen Wesens immer besser verstehen, und treten zugleich in eine Phase ein, in der wir Technologien auf die Menschheit loslassen, deren schädliche Auswirkungen wir womöglich nicht mehr kontrollieren können. Doch im Grunde durchzieht die gesamte Menschheitsgeschichte das Gefühl des unmittelbar bevorstehenden Untergangs. In der westlichen Kultur war dieses Gefühl wahrscheinlich im Mittelalter am stärksten ausgeprägt, allerdings kennen auch der Buddhismus, der Hinduismus sowie die Legenden der Azteken und Inkas ähnliche Ideen. Es ist also kein westliches Konzept.

Nach allem, was man so hört, entwickelten wir zusammen mit dem, was Anthropologinnen »Zivilisation« nennen, zugleich auch einen Schwindel. Ich benutze dieses Wort hier so, wie Milan Kundera es in *Die unerträgliche Leichtigkeit des Seins* verwendet. »Was ist das, Schwindel? Angst vor dem Fall? [...] Schwindel ist etwas anderes als Angst vor dem Fall. Schwindel bedeutet, dass uns die Tiefe anzieht und lockt, sie weckt in uns die Sehnsucht nach dem Fall, eine Sehnsucht, gegen die wir uns dann erschrocken wehren.«

Wem schwindlig wird, der fühlt sich zum Untergang hingezogen und schreckt zugleich davor zurück. Mir ist dieses Gefühl nicht fremd (es wäre ja auch merkwürdig, ein solches Buch zu schreiben und dann nichts damit anfangen zu können!). Aber woran kann man nun erkennen, dass das Ende naht? Im Islam ist in einem Hadith – also einer Überlieferung der Aussprüche oder Taten des Propheten Mohammed – die Rede davon, dass es zehn Hinweise gibt: Zum Beispiel wird Rauch die Erde bedecken (Supervulkanausbruch?). Ein Gauner wird sich selbst zu Gott erklären und das Volk in die Irre führen (Du?). Jesus wird zurückkehren (Ewiges Leben?). Neue Völker unbekannter Herkunft werden die Erde besiedeln (Ufos mit Außerirdischen?). Ein Tier wird sich von der Erde erheben (oder vielleicht aus einem Markt in Wuhan?) und uns des Unglaubens bezichtigen. Die Sonne wird im Westen aufgehen (Solar Flares beziehungsweise interplanetare koronale Massenejektionen?). In Arabien wird ein großes Feuer ausbrechen (Planetoideneinschlag?). Der Erdboden wird an drei Stellen nachgeben (ich weiß, Erdbeben haben es nicht in dieses Buch geschafft, allerdings klingt diese Stelle doch ganz danach, oder?). Andere Hadithe sprechen nur von sechs Hinweisen, wieder andere von zwölf, oder sie unterscheiden zwischen »großen« und »kleinen« Hinweisen, doch das zugrundeliegende Prinzip bleibt dasselbe.

Der rationale Geist wird dies als esoterischen Unsinn ablehnen. Doch wie oben erwähnt, kommen wir ohne eine Geschichte darüber, wie alles endet, nicht aus. Und während die wissenschaftlichen Alternativen zur Apokalypse auf dem Papier für den rationalen Geist attraktiver klingen, sind ihre Überschriften doch genauso irre. Die wichtigsten Erklärungen für das Ende des Universums in den modernen Wissenschaften heißen »Big Rip«, »Big Crunch« (oder »Big Bounce«) und »Big Freeze«. Sowie »Big Kahuna«. Okay, die letzte habe ich mir ausgedacht.

Die Theorie des Big Rip geht davon aus, dass das Universum am Ende seiner Expansion zerreißen wird und sogar die Abstände zwischen den Elementarteilchen unendlich groß werden. Der Big Crunch ist die Umkehrung des Big Bang: Das Universum kollabiert in sich. Und der Big Freeze meint den Wärmetod des Universums, wenn keine freie Restenergie mehr übrig und daher keine Veränderung mehr möglich ist. Wenn es mir im Sommer zu heiß wird, spreche ich auch immer vom Big Freeze, das ergibt also absolut Sinn.[*] Wissenschaftlerinnen gehen aber davon aus, dass unser Sonnensystem sich verabschiedet, noch bevor das Universum als Ganzes zugrunde geht, vor allem weil die Sonne sich ausdehnt und alles verschlingt, um dann in sich selbst zu kollabieren. Wir müssen uns um all die »Bigs« also glücklicherweise (?) keine allzu großen Sorgen machen.

Sich über religiöse Vorstellungen zum Ende des Universums lustig zu machen ist keine Kunst. Dabei hinterlassen auch alle wissenschaftlichen Erklärungen ein ausgeprägtes Gefühl der Unzufriedenheit, über das man sich gleichfalls gut mokieren kann. Zudem beschreiben religiöse Texte häufig ganz ähnliche Phänomene, wie sie auch die Wissenschaft voraussagt. Sie werden mal mehr, mal weniger poetisch und dramatisch beschrieben, meinen aber im Grunde dasselbe.

Enden wird das Universum, irgendwie. Wissenschaftle-

---

[*]   Auch schon deshalb, weil das Universum zum Zeitpunkt des »Wärmetods« zu einem neuen Gleichgewicht abkühlen wird, was aber deutlich weniger lustig ist.

rinnen sagen uns, dass dieses Ende noch undenkbar weit entfernt ist und erst stattfinden wird, nachdem unsere Sonne bereits ausgebrannt ist und im Sonnensystem das Licht abgeschaltet wird. Religionen sagen uns, dass dieses Ende nicht so wahnsinnig weit entfernt ist; der Buddhismus spricht davon, dass das Ende der drei Zeitalter des Dharma in etwa 10 000 Jahren erreicht ist, je nachdem, wie man zählt. Das Christentum nennt kein konkretes Datum, aber mal ehrlich, wie lange kann man uns denn jetzt noch warten lassen?

Zu diesem Zeitpunkt können wir also nicht viel ausrichten – außer zu beten. Die Frage bleibt nur, zu wem …

KÜNSTLICHE INTELLIGENZ

DAS RISIKO IN EINEM SATZ: Eine zur Herstellung von Büroklammern entworfene Künstliche Intelligenz (KI), der man keine Grenzen gesetzt hat, verbindet sich mit dem Internet und verwandelt sich in eine Terminator-KI, die alle Materie auf Erden (inklusive uns Menschen) verschlingt, um so viele Büroklammern wie möglich zu produzieren.

MUSS ICH MIR SORGEN MACHEN? Das Büroklammer-Beispiel ist natürlich nur ein Gedankenspiel (und dazu noch nicht mal ein sonderlich erhellendes). Doch die Grundannahme muss sein, dass wir dieser Welt Milliarden digitaler Gehirne hinzufügen, die – genau wie wir Menschen – mit der Zeit ihre eigene Agenda und eigenen Ziele entwickeln könnten, und diese Dynamik manifestiert sich als Bedrohung für die althergebrachten biologischen Gehirne. Grund zur Sorge? Ja.

Manche Leserin wird von dieser Büroklammer-Simulation schon gehört haben, man findet sie überall im Netz. Doch auch auf die Gefahr hin, eine bereits bekannte Geschichte ein weiteres Mal zu erzählen, möchte ich doch mit ihr beginnen. Kein Kapitel über Künstliche Intelligenz (KI) wäre vollständig ohne sie. Denken wir uns eine Ingenieurin mit Namen Maria, die für eine Büroklammerfirma arbeitet. Die Geschäftsführerin Frau Dr. Klammer-Häfter hat einen Artikel über diese coole neuartige Idee der Künstlichen Intelligenz gelesen und bittet Maria, einen KI-gesteuerten Roboter zu bauen, der autonom Büroklammern herstellt. Maria macht sich an die Arbeit und programmiert den Roboter so, dass er möglichst viele Büroklammern produziert. Schließlich ist Produktivität entscheidend. Und hier fangen die Probleme an.

Dieser Roboter, wir nennen ihn PC (was natürlich für »paper clip« steht, das englische Wort für Büroklammer), macht sich an die Arbeit. Ziemlich schnell wird ihm klar, dass Maria ihm nicht genug Material für die Erfüllung des Auftrags zur Verfügung gestellt hat (schließlich fehlt im Code der Befehl »nur so viele Büroklammern, und nicht mehr«). Also versucht er zu ergründen, wie er den Output auf ein Maximum steigern kann, und da er ein superintelligenter Roboter ist, entwickelt er eine weitere Künstliche-Intelligenz-Software, die das Fabrikgebäude respektive das Lagerhaus, in dem er steht, in das Ausgangsmaterial für Büroklammern verwandelt. Als Maria am nächsten Morgen erwacht, besteht die ganze Welt nur noch aus Büroklammern. So, oder so ähnlich, geht diese Geschichte. In Wirklichkeit dürfte es noch deutlich schlimmer werden. Denn PC, eben weil er superintelligent ist, erkennt, dass Maria vermutlich seine Bemühungen stoppen will, den kompletten Planeten in Büroklammern zu verwandeln, weshalb er Maria und sicherheitshalber all ihre möglichen Verbündeten (also alle Menschen) vernichtet, um keinesfalls von seiner Mission abgehalten zu werden: Büroklammern herzustellen.

Es finden sich im Netz Dutzende Variationen zu diesem Büroklammerproblem. Meine Lieblingsfassung dürfte die sein, bei der ein Computer den Auftrag bekommt, die Riemannsche Vermutung zu beweisen und dazu die Welt in einen gigantischen Supercomputer umbaut. Denn natürlich wäre eine der ersten Aufgaben, die wir einem mit Künstlicher Intelligenz ausgestatteten Computer vorlegen würden, ein noch unverstandenes mathematisches Problem zu lösen. Nicht zuletzt ist die Büroklammer-Parabel auch deshalb interessant, weil sie selten dämlich ist. Sie erklärt zwar das Prinzip, aber wirklich plausibel oder bedrohlich klingt die Geschichte nicht. Vielleicht ist sie deshalb so populär, denn sie entlastet von der Angst, dass ein blöder Roboter uns gefährlich werden könnte. Büroklammer-Monster? Also bitte! Aber es könnte sein, dass wir wirklich in Schwierigkeiten geraten, wenn wir einem intelligenten Wesen oder »Ding« begegnen.

Wir verallgemeinern. Das Büroklammerproblem läuft häufig auch unter dem Namen »Instrumentelle Konvergenz« und benennt damit die Idee, dass Menschen (oder Roboter) auf ihrem Weg zu einem Hauptziel womöglich Unterziele entwickeln, deren Erreichung ihnen bei der Lösung ihres Hauptziels weiterhilft. In etwa so, wie wenn man in ein Fitnessstudio geht, um eine Geliebte mit seinen Muskeln zu beeindrucken. Das Hauptziel ist es, eine Partnerin von sich zu überzeugen, das Unterziel wäre der Aufbau von Muskeln (zumindest wurde mir gesagt, dass das so funktioniert). So auch bei unserem Roboter PC. Das Hauptziel: Büroklammern herstellen. Subziel: Menschen vernichten, damit sie ihn nicht an der Herstellung von weiteren Büroklammern hindern.

Das Beispiel bleibt etwas absurd, aber zumindest die Intention ist es nicht. Zum einen lassen sich sehr gute Gründe für die Annahme finden, dass eine Superintelligenz in der Lage sein dürfte, den Planeten/die Menschheit zu zerstören. Wir werden im Prinzip fähig sein, eine Billion Gehirne zu bauen, mit dem entscheidenden Unterschied, dass es sich tatsächlich um ein einziges Gehirn mit der Rechenleistung von einer Billion Gehirnen handelt. Zum Zweiten gibt es sehr gute Gründe für die Annahme, dass wir nicht imstande sein werden, eine Künstliche Intelligenz so zu programmieren, dass der katastrophale Ausgang der Geschichte von vornherein ausgeschlossen wird. Einige Weltuntergangspropheten sind überzeugt, das Büroklammerproblem sei unser unausweichliches Schicksal in der Zukunft (vielleicht nicht ausgerechnet Büroklammern, aber ein funktionales Äquivalent davon wie zum Beispiel Kaffeebecher oder die Lösung von Matheproblemen).

Es stellt sich also direkt die Frage: Können wir überhaupt irgendetwas dagegen unternehmen? Die naheliegende erste Antwort wäre, keine Künstliche Intelligenz zu entwickeln oder sich auf etwas wie einen KI-Abrüstungsvertrag zu einigen, in dem sich jede Unterzeichnerin verpflichtet, keine KI oberhalb eines gewissen Fähigkeitsniveaus zu programmieren. Lassen wir einmal das funktionale Problem beiseite, wie man das richtige Niveau einer KI-Fähigkeit bestimmen könnte, so erscheint dieser Vorschlag angesichts der Vorteile, die Künstliche Intelligenz einer Gesellschaft bieten kann (und besonders im Bereich der Medizin bereits bietet), als völlig unrealistisch. Kann man sich irgendein Szenario vorstellen, bei dem sich alle Großmächte in der ersten Hälfte des letzten Jahrhunderts einverstanden erklärt hätten, keine Kernwaffen zu entwickeln? Nein. Kann man nicht. Der Mensch kann sich die Zerstörungskraft seiner Kreationen erst vorstellen, wenn er sie erschaffen hat.

Vielleicht kann die Geschichte der Kernwaffen auch Anlass zur Hoffnung bieten (eine Zusammenstellung von Worten, die es bislang in der deutschen Sprache so noch nie gegeben hat). Schließlich dürfte die Macht der Atomwaffen es wohl verhindert haben, dass aus dem Kalten Krieg ein Heißer Krieg wurde. Berücksichtigt man allerdings, wie warm der Kalte Krieg schlussendlich doch war (zahllose Stellvertreterkriege zwischen der Sowjetunion und den Vereinigten Staaten rund um den Globus), schrumpft die Hoffnung gleich wieder. Nur angesichts der Alternative (wechselseitig gesicherte Zerstörung) bildet sich doch ein Silberstreif am Horizont. Vielleicht wird die Künstliche Intelligenz genauso funktionieren wie eine Art Schutzmaßnahme in zukünftigen Konflikten, ein neues »Gleichgewicht des Schreckens«.

Die zweite Antwort lautet, dass wir die Vorherrschaft der KI dadurch verhindern könnten, dass wir beim Programmieren clever genug sind und eine »bösartige KI« ausschließen. Das erscheint etwas realistischer als ein »KI-Verbot«, dürfte aber im Endeffekt ähnlich schwierig werden. Isaac Asimov, der wohl brillanteste Science-Fiction-Autor, den die Menschheit je hervorgebracht hat, illustrierte dieses Problem in seinem Buch *Ich, der Robot*. In Asimovs Geschichte entwickelt eine zukünftige Gesellschaft intelligente Roboter, deren Software mit drei wichtigen Gesetzen versehen werden:

»Ein Roboter darf keinen Menschen verletzen oder durch Untätigkeit zu Schaden kommen lassen. Ein Roboter muss den Befehlen eines Menschen gehorchen, es sei denn, solche Befehle stehen im Widerspruch zum Ersten Gesetz. Ein Roboter muss seine eigene Existenz schützen, solange dieser Schutz nicht dem Ersten oder Zweiten Gesetz widerspricht.«

Das klingt doch ausreichend gutartig. Doch angesichts der menschlichen Tendenz, sich selbst Schaden zuzufügen (für Belege dazu gern die anderen Kapitel dieses Buches heranziehen), kommen die Roboter in Asimovs Geschichte zu dem Schluss, dass sie die Menschen versklaven müssen, um zu verhindern, dass diese sich gegenseitig verletzen (da eben die Bedingung gilt, dass die Roboter keinen Menschen durch Untätigkeit zu Schaden kommen lassen dürfen). Dann programmieren wir eben ein viertes Gesetz, mag ein aufmerksamer Leser nun sagen, mit dem wir die Versklavung verbieten. Vielleicht. Aber vergessen wir nicht, wir haben es hier mit einem Wesen zu tun, das womöglich tausendmal intelligenter ist als die gesamte Menschheit zusammen. Optimisten müssen davon ausgehen, dass sie Kontrolle über die Intelligenzkraft dieser Größenordnung ausüben können. Könnte schwierig werden.

Der dritte Grund zur Hoffnung, dass wir etwas gegen die Übermacht der KI unternehmen könnten, bezieht sich auf das Naturell der KI selbst, das die Gewalt der Superintelligenz im Zaum hält. Diese Idee kennt mehrere Ansatzpunkte. Einer nennt sich »Täuschungsmanöver«, bei dem die Künstliche Intelligenz sich selbst täuscht und dabei zur Überzeugung kommt, es sei kosteneffizienter, einen Film von sich selbst zu programmieren, in dem sie so viele Büroklammern wie möglich produziert, anstatt dies tatsächlich zu tun. Ab einem bestimmten Punkt der Handlung kann die Künstliche Intelligenz die Menschheit im Grunde gar nicht mehr versklaven, es sei denn, die Menschen versuchen zu verhindern, dass sie eine Wiederholung des Films *Endlose Büroklammern* anschauen müssen.

Ein weiterer Hinderungsgrund ist das »Selbstverbesserungsproblem«. Der Büroklammerroboter PC muss, wie wir gesehen haben, einen zusätzlichen Code für die Maschine entwickeln, die uns Menschen vernichten soll, damit er seine Aufgabe erfüllen kann. Aber hier ist der Haken an der Sache: Was, wenn diese »neue« Künstliche Intelligenz zu einer Bedrohung für die Büroklammer-KI wird? Vielleicht braucht die neue Künstliche Intelligenz mehr Ressourcen für die Vernichtung der Menschen, und die »alte« KI steht dem im Weg, indem sie selbst Ressourcen für sich beansprucht? In einer solchen Dynamik verhindert das »Gleichgewicht im Dschungel«, wie es die Wirtschaftswissenschaftler Michele Piccione und Ariel Rubinstein genannt haben, dass die KI eine der Menschheit überlegene Software schreibt, da sie um ihr eigenes Überleben kämpfen muss. In diesem Sinne programmiert der Mensch die KI, und die KI programmiert vielleicht andere KI – aber nie welche, die schlauer als die vom Menschen programmierte KI ist beziehungsweise die ursprüngliche KI (oder die Menschen) gefährdet.

Außerdem könnte man fragen, ob mit dem Aufkommen von Quantencomputern und Ähnlichem die Anziehungskraft der Idee, es gäbe unbegrenzte Ressourcen, nachlässt. Wenn die Künstliche Intelligenz der menschlichen irgendwie ähnelt, könnte sie erst mal raffgierig sein, dann aber irgendwann den Produktions- und Destruktionsprozess abstellen, weil sie zufrieden und satt ist.

Selbstredend ist die Vorstellung, dass wir zu unserer Rettung auf eine freiwillige Selbstkontrolle der gottgleichen KI hoffen müssen, nicht sonderlich beruhigend. Aber womöglich sorgt das Wissen, dass die superzerstörerische KI nicht schon vor der Tür steht, für etwas Entspannung. Das führt jedoch unmittelbar zur nächsten Frage, nämlich wie weit eine solch mächtige Künstliche Intelligenz eigentlich noch entfernt ist.

Die Ergebnisse einer von Nick Bostrom und Vincent Müller durchgeführten Umfrage legen nahe, dass eine Künstliche Superintelligenz etwa im Jahr 2040 auftauchen könnte. Eine andere Studie kommt zu dem Schluss, dass rund ein Drittel der KI-Expertinnen davon ausgeht, dass sie sich erst nach 2100 umsetzen lasse. Und nur zwei Prozent glauben, dass es sie überhaupt nie geben wird. Was verblüffend ist. Wie bei vielen der hier behandelten Risiken können wir uns zwar darüber streiten, ob es wirklich so schlimm wie beschrieben kommt, jedoch scheint es keinen Dissens darüber zu geben, dass es mit an Sicherheit grenzender Wahrscheinlichkeit die Technologie irgendwann geben wird.

Eine weitere Ähnlichkeit zu anderen Kapiteln ist wie immer, dass das Risiko nicht durch Technologie allein verursacht ist, sondern der Mensch seine Finger im Spiel hat oder gar selbst eine Massenvernichtungswaffe ist. Selbst wenn die Künstliche Intelligenz niemals wirklich so empfindungsfähig oder »superintelligent« werden sollte, dass sie ihre eigene Horrorgeschichte schreiben kann (im wörtlichen oder übertragenen Sinne), so wird sie doch zu einer Quelle fast grenzenloser Intelligenz, die der Mensch nutzen kann, um anderen Schmerzen zuzufügen oder um Macht über sie zu gewinnen. Sie kann die menschliche Kreativität verarmen lassen, da sie erfolgreich unsere grundlegendsten Bedürfnisse befriedigt – alles von KI-Pornografie (vielleicht ist das nicht per se kreative Verarmung im Vergleich zum

Status quo bis hin zum Verfassen von Büchern.) *Hier Witz einsetzen, dass ChatGPT auch dieses Buch geschrieben hat und wie lustig das ist, dass die KI Witze schreiben kann* Haha. Haha. Haha.

Schon jetzt sieht man die Bedrohung für das öffentliche Leben. Der Begriff »wireheading« bezeichnet die Idee, dass unsere Gehirne eines Tages ferngesteuert werden könnten. Damit würde die Künstliche Intelligenz nicht als Supercomputer in Erscheinung treten, nicht als Terminator, sondern eher wie Samantha in *Her*, dem Film mit Joaquin Phoenix. Sie würde unsere Seelen und unsere gemeinsame Kultur zerstören. Eine Meta-Studie des thailändischen Professors Channarong Intahchomphoo aus dem Jahr 2020 dokumentiert bereits die Rolle der KI bei der Ausbreitung und buchstäblichen Kodifizierung von Sexismus, Rassismus und Ungleichheit. Menschen können die KI so einsetzen, dass sie uns in einer Weise verletzt und isoliert, die – wenn nicht die Menschen – so doch die Menschlichkeit, wenn nicht das Leben, so doch das Zusammenleben, zerstört.

Natürlich kann KI unser Leben enorm vereinfachen. Und wenngleich die Superintelligenz am Horizont droht, gibt es Grund zur Hoffnung. Noch demonstriert die Superintelligenz mehr (gefährliches) Halbwissen als Wissen. Noch wird keineswegs so heiß gegessen, wie gekocht wird. Wir sollten ruhig auch unserem Überlebenswillen vertrauen. Aber da liegt der springende Punkt. Wie bei so vielen Risiken in diesem Buch fängt die Gefahr dort an, wo unser Wirken aufhört, wo wir in Untätigkeit verfallen. Auch hier ist das »Du« (oder sind wir) die Gefahr, und zwar nicht dort, wo wir handeln, sondern eben dort, wo wir aufhören zu handeln, wo wir uns der KI und ihren Jüngern im Silicon Valley, die auf ihre unkontrollierte Verbreitung setzen, ergeben.

LABOR (KRANKHEITEN AUS DEM)

DAS RISIKO IN EINEM SATZ: Killervirus entkommt aus Labor, tötet uns alle.

MUSS ICH MIR SORGEN MACHEN? Machst du doch sowieso schon.

Aha! Das hatten wir doch gerade. Eine Pandemie. Ein Killervirus. Und nicht irgendeines. Direkt aus dem Labor! Dem Institut für Virologie Wuhan. Na, wenn das mal kein Zufall ist, eine globale Pandemie, die ihren Anfang in einer Stadt mit einem Virologie-Labor nimmt. Und nicht irgendeinem Virologie-Labor! Einem Coronavirus-Virologie-Labor. Die Anzeichen verdichten sich. Und dann ist das nicht nur irgendein Coronavirus-Virologie-Labor. Sondern eines, das sich um die Gain-of-function-Forschung bemüht – ein schicker Ausdruck für ein Labor, das bei seinen Forschungen Viren mit zusätzlichen Fähigkeiten ausstattet. Warum dieses Kapitel überhaupt noch weiterlesen? So wie John F. Kennedy Jr. alle freien Völker der Welt als »Berliner« bezeichnet hat, sind wir inzwischen doch alle Virologen. Wir haben den Durchblick!

Ich möchte die Pandemie nicht kleinreden, aber zu ihren tragischen Folgen gehört auch, dass sie eine Welt voller Möchtegernexperten hinterlassen hat, zu denen auch ich mich zähle. Weshalb es noch überraschender ist, dass die beiden zentralen Theorien über den Ausgangspunkt der Pandemie beide falsch sind. Zum einen, nein, das Virus wurde nicht von einem Chinesen übertragen, der eine Fledermaus gegessen hat. Zum anderen, nein, das Virus ist auch nicht aus dem Labor entkommen.

Wir haben den schlechten (und deutlich rassistisch motivierten) »Witz« alle schon mal gehört. Würden die Chinesen doch bloß keine Fledermäuse essen! Ein nachvollziehbarer Gedanke, wissen wir doch, dass das Coronavirus von Fledermäusen stammt. Allerdings wurden auf dem traditionellen Markt in Wuhan gar keine Fledermäuse verkauft (weshalb manche Menschen auch die Theorie entwickelten, das Virus sei aus dem Labor entwischt). Es ist nicht ungewöhnlich, dass über die Herkunft einer Krankheit keine Sicherheit besteht, wir wissen schließlich auch bis heute nicht alles über den Ursprung von HIV/AIDS. Aber so viel wissen wir: Fledermäuse waren nicht der Überträger auf den Menschen. Es dürfte eher so gewesen sein, dass Fledermäuse das Virus auf ein anderes Tier übertragen haben, das es dann an uns weitergegeben hat. Wir wissen allerdings nicht, welches.

Nach allem, was uns die Wissenschaft und die Pandemieforschung sagen, stammt das Virus jedoch genau von diesem Markt in Wuhan. Sicher, es können in  der Zukunft noch Belege auftauchen, die in eine andere Richtung führen, doch derzeit weist alles auf diesen Markt hin; zu den stärksten Indizien zählen die lokale Konzentration der ersten Krankheitsfälle und der Nachweis des Virus in den Tierkäfigen.

Das hat allerdings nicht verhindert, dass die sogenannte Laborunfall-Theorie immer mehr an Fahrt aufnahm, nachdem einige Spinner auf einschlägigen Internet-Foren (4Chan und Infowars, zum Beispiel) Verschwörungstheorien beschworen, und eine Reihe von weiteren, aber dafür anspruchsvolleren Spinnern raffiniert formulierte »Ich frage doch nur«-Nummern in Mainstreammedien veröffentlicht hatten. Dass diese Theorie nicht stimmt, ist aber genauso sicher wie die Tatsache, dass wir Menschen für den Klimawandel verantwortlich sind. Der Journalist Michael Hobbes hat in seinem Podcast *If Books Could Kill* auf grandiose Art und Weise die Laborunfall-Theorie widerlegt.

Die Geschichte mit dem Laborunfall ist an sich eine absurde Verschwörungstheorie. Normalerweise liebe ich Verschwörungstheorien (wer nicht?), aber diese ist dann doch einfach zu absurd – und zwar aus drei Gründen:

Erstens gibt es überwältigende Beweise dafür, dass sie nicht stimmt. Eine geheimnisvolle, »niemand sah etwas, alle verbergen etwas«-Geschichte existiert nicht. Dies ist eher so eine Story nach dem Motto »Hier sind jede Menge Beweise, und aus irgendeinem Grund interpretieren einige Menschen die Beweise so, dass sie zu irrwitzigen Schlussfolgerungen kommen«. Die Häufung der Fälle rund um den Markt. Das Fehlen von Antikörpern im Blut der Labormitarbeiter vor der Pandemie. Die Tatsache, dass der »Zufall« eines Labors genau in dieser Stadt dann schon weniger überzeugend klingt, wenn man weiß, dass Wuhan – läge es in Europa – dessen bevölkerungsreichste Stadt wäre und dass mehr oder weniger jede chinesische Großstadt einen ziemlich ausgefallenen Markt sowie ein Coronavirus-Labor hat. Dass sie im Institut für Virologie Wuhan gar nicht diese Art von Virus untersuchten, der die Pandemie auslöste. Und so weiter und so fort. Leider bin ich persönlich nicht bereit, mich an solchen Verschwörungen zu beteiligen. Wenn schon, dann sollte man sich wenigstens Mühe geben und behaupten, die Beweise seien gefälscht, denn sie nur falsch zu interpretieren gehört nicht zur Hohen Schule der Verschwörungskunst.

Zweitens, und das ist bereits der letzte Nagel für diesen Sarg, bin ich nicht einmal zu 100 Prozent sicher, ob die Verschwörungstheorie mit dem Laborunfall wirklich gut funktioniert. Im Ernst: Die Chinesen haben das Virus versehentlich im eigenen Land freigesetzt und schämen sich jetzt dafür? Das ist die Verschwörung? Sollten wir aufhören, diese Art von Forschung zu finanzieren, weil sie gefährlich ist? Oder: Die Chinesen haben das Virus absichtlich freigesetzt und dann ihr Land abgeschottet und zugesehen, wie Millionen starben? Glauben irgendwelche Leute wirklich, dass es so abgelaufen ist?

Ich habe gerade behauptet, dass der zweite Punkt bereits der letzte Nagel im Sarg der Verschwörungstheorie war, aber es gibt trotzdem noch ein *Drittens*. Tatsache ist nämlich, dass das sogenannte Killervirus im Vergleich zu jedem Pandemiefilm nur mäßig performt hat. Die typische Sterblichkeitsrate eines durchschnittlichen Pandemiefilms ist, um es vorsichtig zu formulieren, etwas ausgeprägter als die der Covid-19-Pandemie. Meistens so um die 99 Prozent. Mit anderen Worten: Covid-19 verhielt sich wie ein ganz normales Virus, für das Menschen noch keine Antikörper entwickelt haben. Würde China tatsächlich an Biowaffen arbeiten, wäre Covid-19 in Hinblick auf die militärischen Fähigkeiten nicht besonders beeindruckend. Was – wie das Kapitel über die Massenvernichtungswaffen ausführlicher zeigen wird – einer der Gründe dafür ist, dass die Forschung an Killerviren für militärische Zwecke umstritten ist. Normale Viren sind bereits furchtbar – trotz meines wohlwollenden Vergleichs zwischen Covid-19 und Pandemiefilmen ist es doch offensichtlich, welches Grauen schon dieses »normale Virus« ausgelöst hat. In Militärkreisen fragt man sich zu Recht: Warum noch nach einem Upgrade forschen?

Was natürlich nicht heißt, dass nicht doch gefährliche Forschung an Killerviren – oder, um es technischer auszudrücken: Pathogenen – vorangetrieben wird. Die Hauptsorge ist jedoch nicht, dass die Gain-of-function-Forschung die Menschheit auslöschen wird. »Normale« Viren sind da schon ganz gut aufgestellt.

Mit anderen Worten: Eine tödlichere und virulentere Pandemie als Covid-19, bei der ein Virus durch Zoonose vom Tier auf den Menschen übergeht, ist absolut möglich und bietet berechtigten Grund zur Sorge. Und auch wenn Laborunfälle nicht von sich aus gefährlicher sind als natürliche Prozesse, könnte eine Gain-of-function-Forschung die Sterberate oder die Virulenz eines bereits existierenden Pathogens erhöhen, wodurch es zu einem Supervirus würde. So etwas könnte passieren, obwohl die Forschung bereits stark eingeschränkt und reglementiert ist und wahrscheinlich immer noch Grenzen hinsichtlich der Kraft eines Krankheitserregers bestehen (warum ein Pathogen entwickeln, das wirklich jeden töten könnte?). Hinzu kommt, dass die Sicherheitsprotokolle im Zusammenhang mit dieser Art von Forschung (sowie ihre begrenzte Anwendung) zeigen, dass trotz einer langen Liste von Lecks in den Labors alle ziemlich »unauffällig« sind, sowohl was die Art als auch die Auswirkungen betrifft. Killerviren existieren bereits, wir müssen nicht einmal an ihnen herumdoktern, um sie grauenhaft werden zu lassen.

Ereignisse wie die Covid-Pandemie werden sich wiederholen, und es ist nicht jenseits jeglicher Vernunft anzunehmen, dass es früher oder später tatsächlich zu einem Laborunfall und im Anschluss zu einer globalen Pandemie kommt. Wer sich jedoch für die Geschichte eines Supervirus interessiert, das die ganze Menschheit (oder einen Großteil davon) vernichtet, sollte sich besser in der entsprechenden Kategorie seines Streamingdienstes umsehen oder die zahllosen Webseiten konsultieren, die die vermeintliche Wahrheit über Laborunfälle enthüllen. Für alle anderen gilt: Hoffen wir einfach, dass wir das normale Supervirus, das nicht die ganze Menschheit vernichtet, aber das Leben elend macht und Milliarden Menschen Leid zufügt, für die Dauer unseres zukünftigen Lebens erst einmal von der Liste der großen Risiken streichen können.[*]

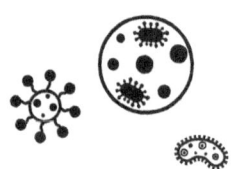

---

[*] Statistisch gesehen sollten wir uns schon darauf einstellen, dass ein Supervirus alle 59 Jahre wahrscheinlich wird. Also je nach Lebensalter kann man sich mehr oder weniger Hoffnung machen, nicht zuletzt weil der Klimawandel und die Zerstörung von Flora und Fauna als treibende Kraft das Tempo möglicherweise noch beschleunigt. Aber ich möchte die Kapitel nicht allzu pessimistisch beenden, deswegen begrabe ich diese Hintergrundinformation jetzt in der Fußnote.

MATRIX

DAS RISIKO IN EINEM SATZ: Die menschliche Erfahrung ist nur Teil einer Simulation, die eines Tages abgeschaltet wird oder in unendlichen Schleifen abläuft, was der menschlichen Erfahrung jegliche Bedeutung raubt.

MUSS ICH MIR SORGEN MACHEN? Um herauszufinden, ob wir in einer Simulation leben, müssen wir dem weißen Kaninchen folgen. So jedenfalls ist Neo im Film *Matrix* auf den grünen Zweig (oder die rote Pille) gekommen. Doch was juckt es den grünen Zweig oder die deutsche Eiche, wenn sie unecht sind (und es nicht wissen)? Natürlich könnte der Stecker gezogen werden. Und was dann? Licht. Aus.

Die Idee des »Metaverse« als simulierte Welt war kurzlebig. Geburt und Tod fielen fast zusammen. Von Mark Zuckerberg ins Leben gerufen – und möglich geworden dank seines Einflusses und der Bereitschaft, einen Haufen Geld abzufackeln –, erfasste die Idee für einen Teil des Jahres 2022 die öffentliche Vorstellungskraft (oder zumindest den Teil der Vorstellungskraft, die auf – damals noch – Twitter existierte). Das Metaverse, das neueste Spielzeug der Aufpeitscher im Silicon Valley, ist das Upgrade des Anfangs der 2000er Jahre groß gewordenen Computerspiels *Die Sims*.

Während die *Sims* den heutigen Zeitgeist womöglich nicht mehr derart dominieren, wie sie es in meiner Jugend getan haben, so sind sie doch weiterhin ein unauffälliges, aber ungemein beliebtes Videospiel mit insgesamt über 200 Millionen Downloads.

Das Metaverse ist ein Ort, an dem wir – zumindest der Theorie nach – durch unsere Avatare leben, an dem wir Freunde treffen, shoppen (in Zuckerbergs Vision sogar sehr viel shoppen) und andere Dinge tun, die wir auch im echten Leben tun können – nur eben mit deutlich schlechterer Grafik, Haptik und Erfahrungsqualität. Das klingt wie eine Businessidee für den Papierkorb! Das Problem mit dem Metaverse ist, dass es auf keiner bedeutsamen Ebene die Qualität des wirklich erfahrbaren Lebens auch nur annähernd erreichen kann, was einer der 500 Gründe für sein Scheitern war.[*]

Aber natürlich scheint dies, zumindest theoretisch, ein lösbares Problem zu sein. Futuristen, die sich eine Welt mit unbegrenzter Energie und Rechenleistung ausmalen, behaupten, zukünftige Simulationen könnten von unserer gelebten Existenz ununterscheidbar sein. Was uns zur Frage führt: Woher wissen wir, dass wir uns jetzt nicht in einer Simulation befinden und von Menschen aus der Zukunft gesteuert werden, die uns beim Durchleben unserer unbedeutenden Leben zuschauen, ein paar Knöpfe drücken (wird es in der Zukunft noch Knöpfe geben?), damit ich genau auf diese Ideen komme und genau diese Worte schreibe? Denn geht man von unbegrenzter Computerleistung und Energie

---

[*] Leider gilt dies nicht für alle. Ein britisches minderjähriges Mädchen soll im Metaverse 2023 sexuell missbraucht worden sein. Nicht der einzige Vorwurf dieser Art.

aus (wir bleiben jetzt einfach mal bei diesen Annahmen, wie sonderbar sie manchem auch vorkommen mögen), ist es plausibel anzunehmen, dass zukünftige Generationen Tausende oder gar Millionen solcher Simulationen laufen lassen, deutlich mehr als die tatsächlich gelebte *eine* Realität (wenn wir davon ausgehen, dass eine spezifische Realität überhaupt existiert). Dadurch ist die Wahrscheinlichkeit, dass wir in einer Simulation, in der Matrix leben, deutlich höher als die Wahrscheinlichkeit, dass diese spezifische Existenz zufällig genau die nicht-simulierte, echte Existenz ist.

Die gute Nachricht bei diesem Risiko lautet: Falls dem so sein sollte, ist es schon passiert. Das verbleibende Risiko in diesem Fall wäre, dass irgendjemand den Stecker zieht, den Server abstellt, sich gelangweilt vom Spiel abwendet oder das Geheimnis enthüllt und uns verrät, dass wir in einer Simulation leben. Bei Letzterem dürften einige von uns in eine Depression verfallen, doch wahrscheinlich zucken die meisten dann ohnehin nur mit den Schultern und machen einfach weiter. Aber haben wir wirklich unbegrenzt Energie zur Verfügung, warum sollte man sich dann die Mühe machen, irgendein Gerät abzuschalten? Heutzutage haben wir nur sehr begrenzt Energie zu Verfügung, und nicht einmal unter diesen Umständen können wir uns dazu durchringen, unsere elektronischen Apparate auch mal auszuknipsen.

Ich war in der Vergangenheit recht skeptisch, was die Idee angeht, wir könnten in einer Simulation leben. Ein offensichtlicher Grund ist der, dass ich einfach keine Simulation erstellen würde, die so aussieht wie diese: überfüllt, schmutzig, pedantisch, es gibt Gutes, okay, aber auch so viel Böses. Warum gibt es Knochenkrebs bei Kindern in der Simulation, um mal eine Religionskritik des englischen Schauspielers Stephen Fry abzuwandeln. Klingt nach Verschwendung.

Warum sollten wir überhaupt Energie für Simulationen verschwenden, warum nicht die echte Welt angenehmer machen?

Dann entdeckte ich die *Sims*. Die Welt der *Sims* ähnelt in vielerlei Hinsicht der unseren. Und warum auch nicht, das Vertraute liegt einem am Herzen. Die Beliebtheit der *Sims* legt nahe, dass zukünftige Generationen tatsächlich den Aufwand betreiben, Simulationen zu erstellen und sich bei unbegrenzt vorhandener Energie bemühen würden, die Grafik und das Gameplay-Feeling so gut und angenehm zu gestalten wie unsere Realität. In einem Artikel für die Gamer-Plattform *Gamerant* weist Dafni Mathioudaki darauf hin, dass es »eine Sache gibt, die neue Spieler zu den *Sims* lockt, nämlich die Möglichkeit, Gott spielen zu können«. Das ist in der Tat sehr verführerisch. Außerdem sind Simulationen Orte, an denen man ohne Konsequenzen böse sein darf. Wir glauben vielleicht, unsere Existenz sei von Bedeutung, aber das würde ein *Sims*-Avatar auch denken. Die Spielerin selbst denkt nicht, sie sei böse; böse sein zu können ist hier kein moralisches Problem, sondern eine Fluchtmöglichkeit aus der Moral, ein Charakteristikum des Spiels, kein Programmierfehler. Daher Knochenkrebs.

Bislang habe ich nur am Rande von den Bedingungen gesprochen, die erfüllt sein müssen, damit es derartige Simulationen überhaupt gibt. Die erste wäre tatsächlich unbegrenzte Energie. In einer Welt, in der Energie noch immer von fossilen Brennstoffen abhängt, hört sich das unvernünftig an. Doch in einer Welt, in der wir die in Atomen gespeicherte Energie nutzen können, eröffnen sich ganz neue Möglichkeiten.

Die zweite Bedingung wäre die Fähigkeit von Silizium (oder jedwedem anderen Material, das die zukünftige digitale Welt antreibt), ein Bewusstsein zu simulieren. Das führt natürlich zu einer heiklen Debatte mit tiefergehenden religiösen und philosophischen Fragen darüber, was Bewusstsein eigentlich ist. Simuliertes Bewusstsein bleibt jedoch unweigerlich simuliert, nicht echt, und das muss doch einen Unterschied machen, moralisch, philosophisch.

Im Film *Matrix* sagt der Architekt, dass »Verleugnung die vorhersehbarste aller menschlichen Reaktionen« ist. Und ich bin sicher, dass diese Reaktion auch bei der Lektüre dieses Kapitels auftaucht. Das kann nicht sein, denken wir, es *fühlt* sich alles doch so echt an. »Hoffnung! Sie ist die wesentlichste menschliche Illusion«, sagt der Architekt kurze Zeit später. Wie kann irgendeine dieser unglaublich intensiven Erfahrungen nur simuliert sein? Und selbst wenn sie simuliert wäre, warum sollten wir uns darüber Gedanken machen? Das hätte keinerlei Auswirkungen auf unser Leben, es sei denn, jemand zöge den Stecker; aber wie wir schon erkannt haben, würde sich in einer Welt des unbegrenzten Energienachschubs niemand die Mühe machen, einen Stecker zu ziehen (gibt es in der Zukunft Stecker?). Und wie würden wir, in dem Bewusstsein, in einer Simulation zu leben, uns fühlen, sollte jemand den Stecker ziehen? Das Leben hätte von vornherein keine Bedeutung gehabt. Warum sich also aufregen?

Ich hätte mich wegen der *Sims* beinahe selbst von der Matrix überzeugt, aber dann ist da noch ein drittes entscheidendes Argument als Bedingung für das Simulationsszenario: Selbst wenn wir unbegrenzte Energie hätten, müssten wir immer noch bereit sein, sie in ein Simulationsspiel zu investieren. Unsere Welt ist so unfassbar komplex, unsere Simulation wäre enorm aufwendig. Doch in einer solchen Welt sind wir wahrscheinlich damit beschäftigt, unser eigenes perfekt simuliertes Leben aufzubauen. *Sims* oder nicht *Sims*! Nimm die blaue Pille. Was uns zurück zum Metaverse führt.

Das Risiko einer Matrix oder Simulation besteht dabei nicht nur in einem vollständigen Abtauchen, also einer »umfassenden Simulation«, sondern auch in einer Zukunft, in der sich die Erfahrung der Menschen aus einer Mischung von realen und simulierten Welten ergibt. In der Simulation wird dann die Ausstattung des menschlichen Lebens durch Technologie verbessert, was meist unter dem Konzept des Transhumanismus läuft. Dieser Begriff wurde vom englischen Evolutionsbiologen Julian Huxley geprägt, dessen Ruhm unter anderem auf seine Rolle als Vorsitzender der British Eugenics Society zurückgeht, für die er so erlesene Aussagen formulierte wie die folgende: Sollten die zivilisierten Gesellschaften »nicht die Verschlechterung der Qualität des Rassenbestands verhindern, sind sie zum Untergang verurteilt«. Top Typ, netter Kerl, absolut unproblematisch, 1-A! Julian Huxley gehört auch zu den Gründern des World Wildlife Fund (WWF), was uns an die pseudo-umweltfreundlichen Wurzeln einer der weltweit bekanntesten Umweltschutzgruppen erinnert.

Zweifellos gibt es einige inspirierende Initiativen, die zumindest oberflächlich mit dem Transhumanismus in Verbindung stehen. Hörgeräte, visuelle Hilfen für Blinde, Roboterarme und so weiter können das Leben von Menschen mit und ohne Behinderungen bereichern. Allerdings haben diese Dinge nichts oder fast nichts mit der Idee zu tun, dass wir in der Matrix leben könnten. Problematischer wird es sicherlich da, wo wir noch eine Realität haben, uns aber entscheiden, unsere Existenz in eine Simulation zu überführen. Denn schließlich haben wir in dieser Welt der unbegrenzten Energievorräte nicht nur eine Menge Simulationen, in die Menschen eintauchen, sondern auch einen, der sie steuert.

Wer ist in diesem Szenario die traurigere Gestalt: jemand, der mit unbegrenzter Energie ausgestattet nur daran interessiert ist, eine simulierte Welt zu erschaffen, oder die Person, die unwissentlich in dieser simulierten Welt lebt? Wenn man seine gesamte Zeit damit verbringt, versunken in einer digitalen Welt, mit seinem digitalen Alter Ego eine Simulation zu spielen, wie »echt« ist das Leben dann überhaupt noch? Wenn das Reale vom Virtuellen dominiert wird, ab wann ist dann das Reale nur noch fake? Müssen wir uns vor der Matrix fürchten, weil wir vielleicht in ihr leben oder weil wir eines Tages als »Gott« in ihr verharren und unser echtes Leben vergessen?

Verfechter dieser Idee werden nun sagen, solche Simulationen hätten rein wissenschaftliche Ziele, man lerne Dinge über die Vergangenheit, indem man sie simuliere. Natürlich hätten wir in solch einer Welt ausgeklügelte Maschinen, sodass das eigentliche »Simulieren« womöglich von Computern übernommen werden könnte (wobei sich dann die Frage stellt, was wir überhaupt tun, wenn simulierte Menschen simulierte Leben erschaffen).

Doch so oder so gilt das Prinzip, dass am Ende der Kette irgendjemand die Realität eines anderen simuliert. In meinen Augen liegt darin das größte Matrix-Risiko. Nicht, dass wir in einer Simulation leben, sondern dass wir auf eine Welt zusteuern, in der wir die Zeit für unser in der Realität gelebtes Leben eintauschen gegen die Zeit für die Simulation der Realität eines anderen, ganz egal, ob wir das nun *Sims*, Metaverse oder anders nennen. Wir sehen hier einen Vorboten des letzten Kapitels, die Zombies. Denn: Welchen Wert haben Realität und Moral, wenn wir sie nicht leben?

NANOTECHNOLOGIE

DAS RISIKO IN EINEM SATZ: Selbstreplizierende Nanobots drehen durch und verwandeln den gesamten Planeten mit all seinem Leben in »Graue Schmiere«.

MUSS ICH MIR SORGEN MACHEN? Ja, warum nicht? Wem es bis hierher gelungen ist, an die Matrix und das ewige Leben zu glauben, für den klingt die »Graue Schmiere« geradezu vernünftig.

Wenn ein wissenschaftlicher Disput über etwas, das »Graue Schmiere« genannt wird, mit einem *Saturday-Night-Live*-Sketch und einer »infantilen Streiterei« (die englische Floskel ist da etwas kruder: »pissing match«) verglichen und auf der Titelseite der für ihre Anspruchslosigkeit berüchtigten Zeitschrift *Chemical & Engineering News* als »Boxkampf« bezeichnet wird, dürfen wir uns freuen. Wie es einem bei der Lektüre dieses Kapitels ergeht, hängt vor allem davon ab, für welche Seite dieser infantilen Streiterei man sich entscheidet. In der rechten Ecke wartet Eric Drexler, der »Vater der molekularen Nanotechnologie« und Autor des *Best Computer Science Book of 1992*. In der linken Ecke macht sich Richard Smalley warm, der 1996 für die Entdeckung der Buckminsterfullerene den Nobelpreis in Chemie erhalten hat. Soweit ich das beurteilen kann, sind sie nur deshalb interessant, weil sie wie Fußbälle aussehen, ansonsten scheinen sie aber für jegliche reale Anwendung untauglich. Egal, im Zentrum der Debatte zwischen Smalley und Drexler steht das, was auch im Zentrum dieses Kapitels steht: Birgt die Nanotechnologie ein existenzielles Risiko, weil irgendwann selbstreplizierende Nanobots außer Kontrolle geraten? Und damit die Fronten hier von Anfang geklärt sind: Drexler sagt: Ja, Sorgen machen. Smalley sagt: Nein.

Schon im ersten Kapitel dieses Buches habe ich meine Faszination für das Winzige eingestanden, weshalb es wenig überraschend ist, dass die Nanotechnologie eine besondere Anziehung auf mich ausübt. Der Begriff »Nano« stammt von dem lateinischen Wort »nanus« (»Zwerg«) ab, und die Nanotechnologie konzentriert sich auf das Winzige, das Mickrige, die Bearbeitung von Materie auf atomarer oder molekularer Ebene. Sie wurde als wissenschaftliches Feld von dem Physiker Richard Feynman begründet, der 1959 zu dem Schluss kam, dass die Nanotechnologie es uns ermöglichen würde, den Gesamtbestand aller Bücher (oder zumindest aller »von Interesse«, von Feymann auf 24 Millionen beziffert) auf 35 Seiten zu verkleinern. Damit meine ich nicht, das Ganze auf einer Festplatte oder einem Computer zu speichern. Nein, wirklich buchstäblich die Inhalte aller Bücher dieser Bibliotheken in einer atomistisch kleinen Schrift auf 35 Seiten aufzuschreiben. Die gesamte *Encyclopaedia Britannica* passe, so Feynman, dank Nanotechnologie auf einen Stecknadelkopf.

Es fällt schwer, sich vorzustellen, wie winzig ein Gegenstand der Nanotechnologie wirklich ist. Unsere Fingernägel wachsen einen Nanometer pro Sekunde, und wäre jeder Mensch der Welt nur einen Nanometer groß, würden wir alle zusammen in ein Matchbox-Auto passen. Ein Haar ist etwa 100 000 Nanometer *breit*.

Es wird klar, dass der Umgang mit Materie in dieser Größenordnung die Schaffung von Materialien mit fein abgestimmten Eigenschaften erlaubt, die perfekt an bestimmte Erfordernisse angepasst sind und unser Leben und unsere Lebensumgebung umgestalten können. Daher zählt Nanotechnologie auch zur Liste der rund 25 »Allzwecktechnologien«, die sich dadurch auszeichnen, dass sie grundlegender Natur sind und das Potenzial haben, Gesellschaften fundamental zu verändern. Die Liste beginnt mit Feuer, Töpferei und Sprache und endet derzeit bei der Nanotechnologie. Ein illustres Verzeichnis kommt da zusammen, das große Hoffnungen für die weitere Nutzung weckt.

Trotz dieses gewaltigen Potenzials war die vielversprechendste praktische Anwendung, die ich für die Nanotechnologie nach heutigem Stand ausfindig machen konnte: Bier. Tatsächlich hat die Nanotechnologie im Bierbrauprozess eine Reihe von faszinierenden Applikationen. Die banalste liegt in der Produktion von Verpackungen (z.B. Plastikcontainern), die das Bier im Supermarktregal länger frisch halten. Eine weitere ist ein Test von tschechischen Wissenschaftlern, die »Hefe-Roboter« gebaut haben, die einen effizienteren Gärungsprozess ermöglichen. Das sind kleine Roboter, die Hefe enthalten, beim Gärungsprozess hinzugegeben und dann mit einem Magneten wieder rausgefischt werden. (In Zukunft werden sich Menschen beim Kellner also nicht mehr über das sprichwörtliche Haar in der Suppe beschweren, sondern über den Nanoroboter im Bier.)

Aber auch Bier-Afficionados werden wohl zugeben müssen, dass wir hier noch nicht in der Größenordnung von

Feuer oder Rad sind, was gesellschaftsverändernde Erfindungen angeht. Natürlich findet man die Nanotechnologie auch noch woanders, von der Sonnenbrille über Lebensmittel bis hin zu Medizin und Kosmetik. Und trotz der Tatsache, dass sie in der zweiten Hälfte des 20. Jahrhunderts überhaupt erst konzipiert wurde, können ihre Prinzipien bereits bei der Glasmalerei in europäischen Kathedralen des Mittelalters nachgewiesen werden: Die damaligen Künstler erreichten durch Farbmischungen (wissentlich oder unwissentlich) Veränderungen auf atomarer Ebene, mit denen sie die Lichtbrechung beeinflussen konnten. Trotzdem, wirklich *transformativ* wirkt das alles noch nicht.

Was aber nicht bedeutet, dass man sich nicht Gedanken über das gesellschaftliche Wohlergehen machen sollte. Die Umweltverschmutzung durch Nanopartikel ist ein ernsthaftes Problem, auch wenn wir noch viel zu wenig darüber wissen. Damit verbunden ist auch die Sorge über Plastikmüll, da das in unserem Essen und Wasser nachgewiesene »Nanoplastik« die Blut-Hirn-Schranke überwinden kann. Und doch verteilen wir Nanopartikel jedes Mal, wenn wir nach dem Einschmieren mit Sonnencreme ins Wasser steigen. In nur wenigen anderen Gebieten ist die »Sorgen können wir uns später noch machen«-Haltung weiter verbreitet als beim Einsatz der Nanotechnologie und der Nanopartikel. Wobei man, um ehrlich zu sein, auch zugestehen muss, dass die Untersuchung ihrer möglicherweise toxischen Auswirkungen unglaublich schwierig ist, aus offensichtlich sehr, sehr, sehr, sehr, sehr, sehr, sehr, sehr, sehr, sehr, sehr, sehr kleinen Ursachen.

Nun, die Umweltverschmutzung durch Nanotechnologie war jedenfalls nicht der Grund für die oben erwähnte infantile Streiterei zwischen Smalley und Drexler. Wie üblich ist für die Forschergemeinde rund um Themen von existenziellem Risiko die bescheidene Frage nach der massenhaften Vergiftung der Menschheit durch Nanoverschmutzung nichts, was sie wirklich beschäftigt. Die Nanoverschmutzung liefert keine Schlagzeile und dürfte (wahrscheinlich) auch nicht jeden umbringen ... Nein, um einen Hardcorefan für existenzielle Risiken ins Schwitzen zu bringen, müssen wir schon einen Gang zulegen. Und wir brauchen eine Schlagzeile, einen coolen Namen, ein Markenzeichen. »Toxizität von Nanomaterial« bringt es einfach nicht. Langweilig!! Ich präsentiere: Graue Schmiere!

Ja, so heißt das wirklich! Die Idee der Grauen Schmiere begann damit, dass Nanotechnologie nicht nur den Umgang mit winzigen, winzigen Molekülen oder Atomen umfasst, sondern auch die Fähigkeit, winzige »Nanobots« zu bauen, die wiederum die Fähigkeit haben, mit winzigen, winzigen Molekülen oder Atomen umzugehen. Diese Nanobots sind im Grunde winzige, winzige Roboter, die die Nanostrukturen erschaffen können, die wir in unserem Alltag nutzen möchten. Die wahrscheinlich für die Menschheit vielversprechendste Anwendung in diesem Bereich liegt im Bereich der Medizin. So könnten Nanobots die Blut-Hirn-Schranke überwinden, nicht um Mikroplastik in unsere Körper zu schwemmen, sondern um Medikamente lokal zu verabreichen, eine notorische, komplexe Herausforderung in der Medizin, oder sie könnten in der Krebsbekämpfung auf präzise Weise (und mit geringeren Nebenwirkungen) Tumore zerstören.

All das ist aus einer gesellschaftlichen Perspektive faszinierend, aber hinsichtlich großer Risiken erst einmal unspektakulär. Miniroboter, Makroroboter, blaue Roboter, rote Roboter, na und? Das Problem beginnt, wenn wir Nanobots die Fähigkeit verleihen, sich selbst zu reproduzieren. Diese Möglichkeit stand im Zentrum des Kampfs um den Schwergewichtsgürtel im Nano-Boxen zwischen Smalley und Drexler. Sobald solche selbstreplizierenden Nanobots durchdrehen, so die Sorge, werden sie sich vervielfachen und außer Kontrolle geraten, was ihnen die Fähigkeit verleihen könnte, nicht nur den Kopf einer Stecknadel zu besetzen, sondern innerhalb von Tagen oder Stunden unseren gesamten Planeten zu verwandeln. Und zwar eben in die oben benannte Graue Schmiere. Miniatur-Terminatoren. *I'll be back!*

Natürlich gibt es diese Nanobots nicht, was eine der Schwächen der »Graue Schmiere wird uns zerstören«-Theorie ist. Andererseits haben wir bereits in der Medizin Dinge entwickelt, die »Nanobots« heißen, aber kaum etwas mit den Nanobots aus Science-Fiction-Büchern oder den lärmenden und sensationslüsternen Seiten der *Chemical & Engineering News* zu tun haben. Sie wurden im Hinblick auf bestimmte Fähigkeiten entwickelt, wie etwa die, sich bei Kontakt mit anderen Materialien vorwärtszubewegen – sehr hilfreich für punktgenaue Medikamentengabe oder für den Umgang mit bestimmten Materialien in Industrieprozessen. Allerdings sind sie keine Roboter. Und sie vermehren sich auch nicht von selbst.

Warum sollten sie auch? Warum sollten wir selbstreplizierende Nanobots bauen? Scheint keine so grandiose Idee zu sein. Sogar Eric Drexler, der Nano-Doomer, gibt zu, die Fähigkeit zur »Selbstreproduktion« sei völlig irrelevant bei der Überlegung, effektive Nanobots zu entwickeln (sofern wir davon ausgehen, dass wir die Dinger überhaupt bauen können). Drexler erklärt seit Neuestem, er bedaure, den Begriff »Graue Schmiere« geprägt zu haben. Also, wenn ich mal einen Quatschbegriff erfände, der so cool ist wie Graue

Schmiere, dann würde ich das nicht bedauern, auch wenn er Quatsch ist. Selbstverständlich führt die allgemeine Diskussion über die Nützlichkeit oder Wünschbarkeit bestimmter Eigenschaften einer Technologie zurück zu einem Thema, das wir bereits in einigen Kapiteln dieses Buches angesprochen haben. Schlechte Ideen haben die Angewohnheit, überraschend häufig vorzukommen, und in einer zukünftigen Welt, in der der Zugang zu transformativen Technologien nicht mehr kontrolliert werden kann, braucht es eben nur einen einzigen Schwachkopf, damit Übles geschieht.

Dabei zeigen sich auch zwei weitere Probleme der Graue-Schmiere-Theorie. Erstens: Hier geht es um Wissenschaft, die weit jenseits unserer Möglichkeiten liegt. Ja, es vergingen nur 60 Jahre zwischen dem ersten Flug eines Menschen und der Mondlandung, und ich wäre wahnsinnig, würde ich das mögliche Tempo des wissenschaftlichen Fortschritts verleugnen. Aber in diesem Fall sprechen wir nicht von einer ingenieurwissenschaftlichen Herausforderung, sondern von ziemlich konkreten chemischen, physikalischen und womöglich biologischen Widerständen gegen selbstreplizierende Nanobots, die sich wie alles und jeden verschlingende Pacmen verhalten sollen.

Genau das war der Kern der Auseinandersetzung, des infantilen Streits zwischen Eric Drexler und Richard Smalley. Drexler behauptete, Graue Schmiere sei technisch machbar, Smalley hingegen kam zu dem Schluss, es gebe grundsätzliche Probleme mit der Idee. Da er beim Prägen von coolen Bezeichnungen nicht klein beigeben wollte, nannte Smalley die zwei Haupthindernisse »sticky fingers« und »fat fingers«.

Hinter den »klebrigen Fingern« verbirgt sich das Problem, eine Struktur entwickeln zu können, die man nach dem Aufbau loslassen kann, damit sie eine weitere Struktur errichtet, und zwar so, dass die ganze Sache nicht kollabiert und man in der Lage ist, seine Finger tatsächlich außen vor zu lassen. Das zweite Problem sind die »fetten Finger«: Um Graue Schmiere in großem Maßstab zu erzeugen, muss man sehr viele Atome äußerst synchron bearbeiten, wozu man im Grunde ein Nano-»Skynet« bräuchte (für die Post-Terminator-Generation: So hieß der Boss des Terminators), was auf Nanoebene schwer zu realisieren ist. Schwer oder unmöglich.

Auch wenn natürlich nicht alle Fragen geklärt sind: Offenbar scheint das Risiko »Graue Schmiere« insgesamt überschaubar zu sein. Es ist unklar, ob Graue Schmiere überhaupt möglich ist, zumindest im Rahmen des derzeit gültigen Paradigmas von Materie. Im Gegensatz zu anderen technologischen Risiken gibt es für die selbstreplizierenden Nanobots keine wirkliche Aufgabe, oder um es anders zu formulieren: Es gibt (derzeit) keine technologische Anwendung, bei der diese Eigenschaft ein wirkungsvolles oder notwendiges Nebenprodukt wäre, trotz seiner Risiken. Und auch wenn gerade ein Hype um die Nanotechnologie entstanden ist: Wenn Webseiten deren transformatives Potenzial mit einer Liste belegen, auf der auch »Sonnencreme« und »hält Bier länger frisch« als zentrale Highlights vorkommen, kann sie auf den ersten Blick nicht sonderlich überzeugen.

Und schließlich funktioniert Graue Schmiere, wie schon erwähnt, eher als Ablenkung von dem konkreten Risiko, das die Nanotechnologie darstellt. Das ist das zweite Problem, welches übrigens genauso bei der Künstlichen Intelligenz auftaucht. Wir fokussieren uns auf Graue Schmiere, auf den großen Wurf, statt die konkreten Risiken heute ernst zu nehmen. Wir haben mit der Umweltverschmutzung bereits ein Risiko benannt, doch damit nicht genug. Wie immer, wenn die Menschheit eine neue Technologie entwickelt hat, lautet eine der ersten Fragen: Lässt sich das so umbauen, dass ich damit jemanden in die Luft sprengen oder auf anderem Wege schaden kann? Die Vereinigten Staaten, bei solchen Dingen irgendwie immer ganz vorne mit dabei, haben eine Nationale Nanotechnologie-Initiative mit mehr als 20 Milliarden (nicht Millionen, Milliarden!) US-Dollar an Forschungs- und Entwicklungsgeldern ausgestattet. Ein Großteil davon wird für Verteidigungsmaterialien (zum Beispiel Schutzmaterialien) eingesetzt, aber zugleich schaut sich – als wären Atombomben nicht schon schrecklich genug – eine andere Abteilung sogenannte »Mini-Kernwaffen« an. Diesmal finde ich den Begriff nicht so cool, irgendwie …

KOLLAPS DER OZEAN-
STRÖMUNGEN

DAS RISIKO IN EINEM SATZ: Der Kollaps der Ozeanströmungen im Atlantik, die derzeit noch Regen und warme
Temperaturen nach Europa bringen, sorgt für einen schlag-
artigen Rückgang der Niederschläge und Temperaturen in
Europa und führt zu weltweitem Klimachaos.

MUSS ICH MIR SORGEN MACHEN? Auch wenn wir hier
nicht über den Golfstrom, sondern über eine andere Strömung reden, ist das Risiko sowohl akut als auch schwerwie-
gend. Die Wahrscheinlichkeit ist groß, dass der Klimawandel
diese Ozeanströmung beeinflusst, was nicht zuletzt gewaltige wirtschaftliche und soziale Auswirkungen haben wird.

Mich plagte beim Schreiben dieses Buches die Angst, ei-
nes der Risiken könnte bereits eingetroffen sein, bevor das
Buch in den Buchhandlungen ausliegt. Vielleicht hat eine
Künstliche Intelligenz die Kontrolle über die Menschheit
übernommen. Vielleicht werden wir von Aliens regiert. Wo-
möglich lesen Superalgorithmen oder Außerirdische dieses
Buch gerade jetzt aus Interesse daran, was die versklavte
Menschheit über sie zu sagen hatte. Sollte dies der Fall sein,

sei hiermit betont, dass ich schon immer ein Anhänger der Künstlichen Intelligenz/von Außerirdischen war, man mich im Zellenblock D-429 finden kann und ich hiermit formell meine Begnadigung und Verlegung in die »Kolonie menschliche Loyalisten« auf das tropische Island beantrage, gerade angesichts meiner langjährigen Unterstützung für alles Superintelligente und Außerirdische. Herzlichen Dank und lieben Gruß, Gefangener 234 972 306!

Bei dem Kapitel zu »O« wie »Ozeanströmungen« hatte ich mir anfangs keine Sorgen gemacht. Aus einem einfachen Grund: Das Einmaleins der Klimawissenschaft lehrt uns, dass sich so ziemlich alles, was mit Wasser auf unserem Planeten zu tun hat, nur über Jahrhunderte, wenn nicht gar nur über Jahrtausende verändert, keinesfalls über Jahre oder Jahrzehnte.

Das Anwachsen eines Gletschers nördlich von Hamburg während der letzten Eiszeit war nicht an einem Tag erledigt. Das lässt sich verstehen, wenn man sich die schiere Menge an Wasser vorstellt, die dazu über Nordeuropa niedergehen und gefrieren musste – das dauert ewig. Ähnliches gilt für den Anstieg des Meeresspiegels: Der höhere Wasserstand wird an den Küsten zu spüren sein und für Hunderte Millionen Menschen bis zum Ende des Jahrhunderts die Gefahr von Überflutungen bedeuten, doch sprechen wir beim Anstieg des Meeresspiegels in den nächsten Jahrzehnten voraussichtlich von Zentimetern, nicht Metern. Der Einfluss von Wasser, von Ozeanen und ihren Strömungen sowie des Abschmelzens der Polkappen auf unser Klima ähnelt dem Einfluss von Wasser auf Stein. Es geht langsam, schneidet aber tief.

Zumindest glaubte ich das. Bis ich im britischen *Guardian*

die Überschrift las: »Golfstrom kollabiert laut Studie bereits 2025«. Die Zeit läuft uns davon, schnell publizieren! Natürlich sind Artikel wie dieser nichts Neues, es finden sich Hunderte ähnliche im Internet, und jedes Jahr kommen neue hinzu, die uns vor dem bevorstehenden »Kollaps des Golfstroms« warnen. Wie bei den meisten Themen dieses Buches gibt es auch einen Film zu dieser Frage (*The Day After Tomorrow*), und wie bei den meisten Filmen ist die zugrunde liegende Idee nicht im Entferntesten plausibel.

Der Golfstrom wird niemals kollabieren. Anders als der obengennante Artikel vermuten lässt, ist der Golfstrom das Resultat der Neigung der Erde sowie der Drehung der Erde um ihre Achse. Solange sich die Erde dreht, funktioniert der Golfstrom, und falls die Erde aufhört, sich zu drehen, ist das Ende des Golfstroms wahrlich eine unserer geringsten Sorgen. Wie immer fangen wir mit den guten Neuigkeiten an.

Die schlechte Neuigkeit: Wissenschaftlerinnen meinen nicht den Golfstrom. Es gibt nämlich eine andere Ozeanströmung, die meridionale atlantische Umwälzbewegung (Atlantic Meridional Overturning Circulation, AMOC), die sie in den Blick nehmen. Andere Strömung, größere Sorge. Klingt in einer Zeitungsüberschrift nur nicht so prägnant wie »Golfstrom-Kollaps!!!«.

Die AMOC wird durch eine ganze Reihe Faktoren bestimmt und funktioniert so kompliziert, dass der Mechanismus hier nicht ausführlich erläutert werden kann. Die wohl einfachste Erklärung konzentriert sich auf den entscheidenden Faktor, den wir auch aus unserer Risiko-Perspektive betrachten sollten, nämlich die Dichte des Wassers. Wenn warmes Wasser vom Südatlantik in den Norden strömt, verdunstet ein Teil davon. Das kühlt das Ozeanwasser ab, wodurch es dichter wird (man denke hier an den Unterschied zwischen Wasser und Eis). Zudem steigt der Salzgehalt des Wassers an (da nur das Wasser, nicht das Salz im Wasser verdunstet), wodurch es noch dichter wird. Wenn das Oberflächenwasser dichter (man könnte auch sagen: schwerer) wird, sinkt es auf den Grund des Meeres ab und wird dann zurück gen Süden transportiert (da im Süden ja jetzt Platz gemacht wurde von dem Wasser, welches nach Norden geschwommen ist) – und fertig ist der Kreislauf. Der Golfstrom ist Teil der AMOC und verstärkt sie, ist aber nicht mit ihr identisch. Selbst wenn die AMOC zusammenbräche, würde der Golfstrom weiter seine Runden drehen (wenn auch abgeschwächt).

Leider ist es sehr wahrscheinlich, dass die atlantische Umwälzzirkulation kollabiert, und einige Untersuchungen vermuten, dass es noch in diesem Jahrhundert so weit sein könnte (ja, insbesondere die oben zitierte Studie, die schon von 2025 spricht). Im Gegensatz zu unserem fundierten Verständnis der Beziehung zwischen Treibhausgasen und dem weltweiten Temperaturanstieg steckt unsere Kenntnis der AMOC allerdings noch in den Kinderschuhen, was auch mit dem unglaublich komplexen System zu tun hat, das ihr zugrunde liegt, und der Schwierigkeit, das Phänomen zu messen. Wir wissen, dass die schmelzenden Polkappen die Menge an Eis im Wasser reduzieren und die globale Erwärmung das Abkühlen des Wassers verhindert. So weit scheint das klar zu sein, und tatsächlich finden sich Hinweise, dass sich der Kreislauf abschwächt. Wobei abschwächen ja nicht gleich anhalten ist. Noch ist unklar, wie empfindlich die AMOC auf das Abschmelzen von gefrorenem Süßwasser reagiert.

Die Frage lautet, wann unserer Vermutung nach die Umwälzbewegung stoppt und was danach passiert. Aus der umfangreichen Forschungsliteratur einen Konsens herauszulesen ist schwierig. Wir wissen schlicht noch nicht genug. Die Beobachtung mit Satelliten ist noch nicht sehr alt, genau wie die Messsysteme im Ozean selbst. Und wir wissen ebenfalls nicht, wie sich der Klimawandel auswirken wird. Der Kollaps der AMOC hängt mit dem Klimawandel zusammen, doch wie hoch müssen dazu die Temperaturen steigen, wie viel Eis muss schmelzen – oder können wir die Temperaturen stabilisieren, bevor der Kipppunkt erreicht ist? Unklar. Wie dem auch sei, die schlichte Tatsache, dass die Wahrscheinlichkeit für einen Zusammenbruch der Umwälzzirkulation noch in diesem Jahrhundert wohl im zweistelligen Bereich liegt, ist Anlass zum Nachdenken.

Nicht zuletzt, da offensichtlich außer Frage steht, dass die Effekte katastrophal sein werden und sich das Klima sowohl in Europa als auch in der gesamten Welt grundlegend ändern würde. Die Unsicherheit, was die genauen Konsequenzen angeht, ist groß, und natürlich würden die Folgen lokal sehr unterschiedlich ausfallen. Großbritannien und Norwegen wären stärker betroffen als Deutschland oder Polen. Insgesamt gesehen würden die Durchschnittstemperaturen in Europa wohl um mehrere Grad Celsius fallen. Europa würde zudem deutlich trockener werden (als Folge der sinkenden Verdunstung), was dramatische Auswirkungen auf die Landwirtschaft hätte und zu Dürren führen dürfte. Hallo, Geoengineering, mein lieber Freund und Kupferstecher, wir brauchen dich!

Aber es gibt auch eine andere Seite

der Medaille, und damit wird die Sache leider noch komplizierter. Die AMOC führt nämlich zu einem gewaltigen Kohlenstoffdioxidabfluss, der ungefähr dem jährlichen Ausstoß Deutschlands an Treibhausgasen entspricht. Die Zirkulation versenkt im Zuge des Absinkens kalten Wassers bei Grönland das Kohlenstoffdioxid in den Tiefen des Ozeans. Es gibt also gegenläufige Effekte: Auf der einen Seite würde der Kollaps der AMOC eine Abkühlung in Europa bringen, auf der anderen Seite würde damit die Bindung von CO_2 im Ozean verringert, was eine Verstärkung der globalen Erwärmung zur Folge hätte. Wie sich diese Effekte regional verteilen und welche Größenordnung sie haben, weiß derzeit niemand. Laut Klimaforscher Tim Palmer hätte ein AMOC-Stopp zwar chaotische Auswirkungen, er könnte aber zugleich einige Folgen des Klimawandels abschwächen. Während die globale Erwärmung zu einem Anstieg der Durchschnittstemperatur um 2 Grad Celsius führen würde, könnten das Abschmelzen der Pole und die Erwärmung Europas abgeschwächt werden. Die Durchschnittstemperatur in Europa würde dann trotz Klimawandel wahrscheinlich sinken, aber dank Klimawandel weniger stark. Der AMOC-Kollaps würde quasi die Waage ausgleichen (oder etwas stärker austarieren), zumindest was die Temperaturen und zumindest was Europa angeht. Aber mit einem chaotischen Klima (und sehr viel weniger Regen) müssten wir trotzdem rechnen!

Ich möchte dieses Kapitel nicht mit einem allzu optimistischen Ende versehen. Denn wie immer ist das Problem nicht nur der Anbruch einer neuen Welt, sondern die Geschwindigkeit der Anpassung. Wir sind auf eine Welt ohne diese Strömungen nicht vorbereitet, uns fehlen die ökonomischen und sozialen Strukturen. Alles von der Landwirtschaft bis zur Beschaffenheit der Infrastruktur und unserer Häuser müsste wahrscheinlich neu ausgerichtet werden. Und das nicht nur in Europa, die Konsequenzen wären global zu spüren. Aber zumindest kurzfristig sind wir in der Lage, das Risiko aktiv anzugehen. Denn auch wenn es bei diesen Strömungen langfristige Trends gibt, kann man aktuell etwas tun und in die Kausalketten eingreifen. Ihr Ort ist: H wie Hitze und Klimawandel.

PLANETOIDENEINSCHLAG (ASTEROIDEN)

DAS RISIKO IN EINEM SATZ: Ein außerirdisches Objekt in der Größe zwischen einem Haus und dem Mount Everest schlägt auf der Erde ein und verursacht ein Massenaussterben.

MUSS ICH MIR SORGEN MACHEN? Angesichts der Tatsache, dass genau das bereits einmal passiert ist, scheint es fast unausweichlich, dass es wieder geschieht. Die Frage ist, ob wir Technologien entwickeln werden, mit denen sich eine solche Katastrophe abwenden lässt. Die Frage ist außerdem, wie groß das Objekt sein wird, das auf uns zukommt. Ein Ereignis wie im Netflix-Film *Don't Look Up* (wo ein planetenzerstörender »Planetoid« auf die Erde zujagt) ist höchst unwahrscheinlich. Um einen Wissenschaftler zu zitieren, der für die Dreharbeiten hinzugezogen wurde: »Der Weltraum ist groß!« Diese Art axiomatischer Wahrheit könnte der Wissenschaftskommunikation helfen, käme sie nur öfter vor. So oder so sollten wir uns auf den Fall des Falles vorbereiten. Um den *Don't-Look-Up*-Wissenschaftler noch einmal zu zitieren: »Vielleicht ist dies ein Problem, das wir hoffentlich eines Tages einfach von unserer Liste streichen können.«

Die Einleitungssätze zu diesem Kapitel verraten schon einen Großteil dessen, was ich auf den nächsten Seiten abhandeln möchte. Sogenannte Planetenkiller (Planetoiden) sind dort draußen unterwegs. Einer wird unseren Planeten vorrausichtlich irgendwann in den nächsten 100 Millionen Jahren treffen. Wenn nicht ein Planetenkiller, dann vielleicht ein Dino-Asteroid. Hoffen wir, dass uns sein Herannahen früh genug auffällt, sodass wir eine Intervention zur Verhinderung des Einschlags anschieben und ihn »von unserer Liste streichen« können.

Die Wissenschaft hinter diesen Überlegungen lohnt einen genaueren Blick. Fangen wir – natürlich – bei den Dinosauriern an. Die meisten von uns dürften ein mehr oder weniger zufälliges Wissen über Dinosaurier besitzen, als Überbleibsel einer Faszination für dieses Thema in Kindertagen. Als ich meinem vierjährigen Sohn Dinosaurierbücher vorlas, durfte ich den spektakulären Untergang der früheren Könige zu Lande, zu Wasser und in der Luft neu entdecken. Zum einen erinnerte ich mich daran, wie gigantisch diese Tiere im Vergleich zu den heutigen waren. Auch wenn es für dieses Buch eher irrelevant ist, so muss ich doch erwähnen, welches Erstaunen Dinos auslösen würden, könnten wir sie einmal in echt sehen. Nicht ohne Grund ist das *Jurassic-Park*-Franchise so erfolgreich.

Zum Zweiten war das Ereignis, das zum Aussterben der Dinosaurier geführt hat, soweit wir wissen, eine wahrhaft demütig machende Angelegenheit. Der Asteroid, von dem wir annehmen, dass er alle Dinosaurier getötet hat, war größer als der größte unserer Berge. Man versuche sich vorzustellen, jemand würde den Mount Everest vom Boden abheben und mit einer Geschwindigkeit von Zehntausenden von Kilometern pro Stunde auf die Erde werfen. Das übersteigt jede Vorstellungskraft. Wer sich nicht mit diesem Wunder auseinandersetzen will, erscheint unweigerlich wie der Vogel in *Il Penseroso* von John Milton: »süßer Vogel, der den Lärm der Torheit scheut, höchst musikalisch, höchst melancholisch«.

Also stürzen wir uns in den Lärm der Torheit. Wir sollten nicht vergessen, dass fast alles, was in diesem Buch als »Umweltrisiko« erscheint, zu irgendeinem Zeitpunkt der Erdgeschichte bereits einmal passiert ist. Vom Aussterben der Dinosaurier war bereits die Rede. Zugleich gab es natürlich auch Lebewesen, die von ihrem Ende profitierten – ich spreche von den Säugetieren (für die in der Biologie nicht so Bewanderten: unsere Vorfahren). Wenn Säugetiere einen mounteverestgroßen Einschlag überlebten, sollte das eigentlich auch uns gelingen. Dass wir überleben heißt allerdings nicht, dass es uns gut gehen wird, und wir werden gleich noch einmal auf die Auswirkungen eines solchen Ereignisses zurückkommen.

Dabei ist das Dinosauriersterben nicht einmal das dramatischste aller möglichen Ereignisse. Wissenschaftlerinnen haben die Hypothese aufgestellt, dass unser Mond durch einen Protoplaneten (Planetoiden) mit Namen Theia gebildet wurde, der vor rund 4,5 Milliarden Jahren auf die Proto-Erde stürzte und dabei für die Entstehung des Mondes und des modernen Planeten Erde sorgte. Eine ganze Reihe von Gründen verleiht dieser Theorie Glaubwürdigkeit, darunter die Ähnlichkeit zwischen dem Mondgestein und dem Erdmantel sowie ein Erdkern, der deutlich größer ist als sonst üblich. Nicht nötig zu erwähnen, dass heute nichts und niemand einen derartigen Einschlag überleben würde. Es gibt Vermutungen, dass der Mars oder die Venus in einigen Milliarden Jahren mit der Erde zusammenstoßen könnten. Doch ein solcher Zeithorizont wird hier nur der Vollständigkeit halber erwähnt und soll uns im Weiteren nicht beschäftigen.

Wenn wir über Einschläge von Planetoiden (im Alltagsgebrauch als Asteroiden bekannt, aber tatsächlich eine breitere Kategorie, die Weltallgestein ab einer Größe von einem Meter bis Hunderte Kilometer umfasst) oder Meteoriten (Weltallgestein bis zu einem Meter Durchmesser) nachdenken, stellen wir uns normalerweise nicht vor, dass der Mars in die Erde kracht, und zwar aus guten, eben erwähnten Gründen. Die tatsächlichen Auswirkungen eines eher wahrscheinlichen Ereignisses hängen natürlich von der Größe und Geschwindigkeit des Objekts ab, das mit der Erde zusammenstößt. Außerirdische Teilchen prasseln jeden Tag auf die Erde, doch handelt es sich dabei um winzige Staubkörner, die für das menschliche Auge unsichtbar sind – es sei denn, in Form von Sternschnuppen. Jeden Tag werden wir von 100 Tonnen dieses Materials bombardiert. Irgendwie cool, eine Art Weltraumregen, der auf uns einprasselt.

Die gute Nachricht in Hinblick auf den Umfang: Je größer das Objekt ist, umso wahrscheinlicher ist es, dass wir es auf dem Radar haben. Die NASA hat mit dem Planetary Defense Coordination Office (auf Deutsch ungefähr Koordinationsbüro zur planetaren Verteidigung) eine Institution zur Verteidigung unseres Planeten eingerichtet, die laut ihrer Webseite »erdnahe Objekte (Near-Earth Objects, NEOs) aufspürt, verfolgt und kategorisiert, um das Risiko eines möglichen NEO-Einschlags minimieren zu können«.

Auf absehbare Zeit können wir damit die Gefahr eines global vernichtend wirkenden Einschlags von unserer Risikoliste streichen. Eine Stufe darunter sind die mounteverestähnlichen Objekte. Die NASA hat 854 Asteroiden dieser Größe erfasst, deren Umlaufbahnen sich der Erde nähern könnten (das heißt, die bis auf 48 Millionen Kilometer an uns herankommen). So wie es aussieht, wird keiner von ihnen die Erde treffen. Dann bleiben mehr als 10 000 bekannte Asteroiden mit mehr als 140 Metern Durchmesser. Man geht davon aus, dass zu dieser Zahl noch etwa 15 000 dazukommen, die uns bislang unbekannt sind. Von den uns bekannten dürfte keiner auf der Erde aufschlagen. Doch etwas Ungewissheit bleibt. Und wenn wir die Liste durchgehen, stoßen wir auf einen Asteroiden, den swimmingpoolgroßen DW 2023, der auf der Turiner Skala, mit der der Risikofaktor erdnaher Objekte bestimmt wird, einen Wert höher als 0 vorzuweisen hat, nämlich 1. Die Skala geht von 1 bis 10, das bedeutet: Die Wahrscheinlichkeit eines Einschlags ist nahe null, aber nicht null. Mögliches Einschlagsdatum wäre dann der Valentinstag 2046. Da wir jedoch noch nicht sehr lange von DW 2023 wissen, kann es gut sein, dass zum Erscheinungszeitpunkt dieses Buches durch neue Informationen das Risiko auf Null heruntergestuft ist (was typisch für solche Prozesse wäre, da stets neue Daten über Asteroiden ausgewertet werden). Und in der Tat: Diesen Abschnitt habe ich im Februar 2023 geschrieben, und inzwischen wurde DW 2023 auf 0 herabgestuft. Wir können ihn also im Grunde gleich wieder vergessen.

Aber wir haben natürlich keinen blassen Schimmer von den Asteroiden, von denen wir keinen blassen Schimmer haben. Und kleinere Objekte können uns durchaus näherkommen; es rasen jedes Jahr etwa 100 Asteroiden dichter an uns vorbei, als der Mond von uns entfernt ist. Wobei, sooo dicht dran an uns ist der Mond dann nun auch wieder nicht.

Was würde denn nun (im kurzfristig unwahrscheinlichen, aber langfristig sicheren Fall) passieren, sollte uns ein Asteroid treffen? Glücklicherweise wissen wir recht gut, was bei einem Aufprall passiert. Am besten stellt man sich den Einschlag eines Asteroiden wie eine Atombombe vor (und dass wir sogar wie bei den Atombomben eine Einheit zur Messung dieses Ereignisses haben, führt uns wieder vor Augen, wie unglaublich stark Atombomben sind). Die amerikanische Infotainment-Webseite *How Stuff Works* erklärt das ganz wunderbar, und auch wenn meine übrigen Quellen eher wissenschaftliche Artikel sind, gilt hier: Ehre, wem Ehre gebührt, wenn es jemand schafft, Informationen so aufzubereiten, dass sie auch für Laien gut verständlich sind.

Misst man Asteroiden an Atombomben, dann hat ein Asteroid in der Größe eines Hauses etwa die Auswirkung der Hiroshima-Bombe. Alle kleineren Objekte sind wohl nicht der Rede wert, auch wenn sie für beeindruckende Naturschauspiele sorgen. Der Mars-Rover hat einen Account bei X, auf dem hin und wieder Bilder von Meteoriteneinschlägen auf dem Mars zu sehen sind. Wenn DW 2023 die Erde getroffen hätte, dann hätte er in etwa die Auswirkung der größten je gebauten Wasserstoffbombe gehabt, einen Einschlagradius von sechs bis acht Kilometern produziert und wäre damit in der Lage gewesen, eine Großstadt vollständig auszulöschen.

Ein Ereignis à la Dinosaurieraussterben hat laut wissenschaftlichen Schätzungen die Wucht von etwa zehn Milliarden Atombomben. Bei einem solchen Szenario würden sich, neben dem unmittelbaren Aussterben allen Lebens in einem 200 Kilometer großen Radius rund um den Einschlagort, wie beim Chicxulub-Krater, noch Megatsunamis bilden, die Küstenstädte und Städte weiter im Landesinneren zerstören würden. Zudem würde eine weltweite Abkühlung für den Untergang eines Großteils des Lebens sorgen (beim Dinosaurier-Asteroid waren es zwei Drittel bis drei Viertel der Fauna und Flora).

Es ist davon auszugehen, dass trotz des Todes sehr vieler Menschen doch eine große Anzahl von uns eine solche Katastrophe überleben könnte. Wenn unsere Vorfahren den letzten Einschlag überstanden haben, sollten wir mit unseren technologischen Möglichkeiten doch ebenfalls dazu in der Lage sein. Zumindest einige von uns. Wissenschaftlerinnen gehen davon aus, dass es einen 100 Kilometer messenden Asteroiden bräuchte, um das gesamte Leben auf Erden auszulöschen. Das wäre nicht ganz Theia 2.0, nähert sich aber doch einem Ereignis der Größenordnung »Planetenkiller« an.

Natürlich hat die Menschheit bereits angefangen, sich Gedanken darüber zu machen, wie wir uns vor einem solchen Einschlag schützen könnten. Das Problem mit den Asteroiden von 100 Kilometern Durchmesser ist noch nicht gelöst, doch bei solchen mit überschaubarer Größe können wir etwas ausrichten. Der Double Asteroid Redirection Test (DART) war der erste Versuch (und zugleich die erste erfolgreiche Mission), die Bahn eines Asteroiden zu verändern (in diesem Fall die von Dimorphos, einem kleinen Mond des Asteroiden Didymos in ungefähr sechs Millionen Kilometern Entfernung). Der etwa 120 Meter breite Asteroid wurde von einer Sonde getroffen und seine Umlaufbahn dadurch verändert. So viel steht fest, auch wenn es noch Jahre dauern wird und einer Folgemission durch die

Europäische Weltraumagentur bedarf, um die Auswirkungen des Beschusses genau zu durchschauen. (Übrigens, gibt man »DART Mission« bei Google ein, folgt eine kleine Animation, bei der eine abstürzende Sonde den Bildschirm aus der Bahn wirft.)

Für den Fall des Einschlags eines kleineren Objekts auf der Erde sollten wir nicht vergessen, dass es mit großer Wahrscheinlichkeit im Wasser oder auf menschenleerem Land einschlägt (einfach, weil der Großteil des Planeten davon bedeckt ist). Solche Abstürze haben zwar noch immer deutliche Auswirkungen, im Fall von Wasser vor allem Tsunamis, doch wären diese Konsequenzen eher indirekt zu spüren und kämen im Idealfall mit so viel Vorwarnzeit, dass Menschen sich schützen könnten.

Insgesamt ist das Risiko also nicht gleich null, zumal wir auch noch längst nicht alle Asteroiden erfasst haben. Der 2013 über Sibirien explodierte Meteor von Tscheljabinsk hatte einen Durchmesser von rund 20 Metern – und kam völlig überraschend. Doch noch einmal: Objekte dieser Größe stellen kein existenzielles Risiko für uns dar. Auf der anderen Seite erinnert uns ein Gespräch über Asteroiden auch immer daran, dass nicht nur unser individuelles Leben auf diesem Planeten endlich ist, sondern das der gesamten Menschheit. Irgendwann wird er völlig zerstört werden. Bis dahin – *Look up!* Der Himmel ist wunderschön und wird, aller Wahrscheinlichkeit nach, zu unseren Lebzeiten friedlich bleiben.

QUANTENCOMPUTER

DAS RISIKO IN EINEM SATZ: Quantencomputer können bis zu eine Million Billionen (oder 1000 Billiarden oder, richtig formuliert, eine Trillion – aber niemand weiß, wie viel das ist) Mal schneller arbeiten als Laptops, weshalb sie die Privatsphäre abschaffen könnten, totale gesellschaftliche Kontrolle ermöglichen und dabei Techniken der Teleportation nutzen. (Ich könnte noch mehr aufzählen, aber die Regel schreibt ja nur einen Satz vor, und vielleicht reicht das erst mal.)

MUSS ICH MIR SORGEN MACHEN? Zu einer Million Billionen Trillionen Prozent ja.

Hier realisieren wir eine Quantenteleportation zwischen entfernten, nicht benachbarten Knotenpunkten in einem Quantennetzwerk. Das Netzwerk verwendet drei optisch verbundene Knoten, die auf Spin-Qubits in Festkörpern basieren. Der Teleporter wird vorbereitet, indem über die beiden Verbindungen eine Quantenverschränkung hergestellt wird, gefolgt von einem Verschränkungsaustausch über den mittleren Knoten und der Speicherung in einem Speicher-Qubit. Wir können zeigen, dass nach erfolgreicher Vorbereitung des Teleporters beliebige Qubit-

Zustände mit einer Wiedergabegenauigkeit oberhalb der klassischen Grenze teleportiert werden können, sogar mit Einheiteneffizienz. Diese Ergebnisse werden ermöglicht durch entscheidende Fortschritte beim Qubit-Auslesevorgang und einem aktiven Speicher-Qubit-Schutz während der Verschränkungserzeugung sowie einer passgenauen Vorankündigung, die die Quantenverschränkungs-Untreue reduziert.

Ich übernehme diesen Abschnitt aus einem Artikel in *Nature*, der die jüngsten Forschungsfortschritte rund um die Quantenteleportation beschreibt. Hier gibt es jede Menge zu klären, wobei eine Sache sicher das Wort »Teleportation« in einem wissenschaftlichen Artikel ist; ein Thema, das auch im Kapitel »X-Faktor« wieder auftauchen wird. Falls sich jemand fragt: Ja, die Autoren hier meinen *Teleportation*, wenn sie »Teleportation« schreiben, also »Beam mich rauf, Scotty!«. Seit in den 1960er Jahren für die Fernsehserie *Star Trek* die Teleportation benutzt wurde, um Produktionskosten beim Dreh von Spezialeffekten bei der Landung von Raumschiffen auf fremden Planeten zu vermeiden, haben wir wirklich einen langen Weg zurückgelegt.

Doch dieses Kapitel handelt nicht von der Teleportation, sondern vom Quantencomputing. Ohne die Illusion der vierten Wand an dieser Stelle vollständig einreißen zu wollen, so ist doch ziemlich klar, dass es nun meine Rolle sein muss, komplexe Wissenschaft in etwas Verständliches zu übersetzen, anstatt nur einfach Ausschnitte aus akademischen Arbeiten zu übernehmen. Warum fange ich dann doch mit diesem Zitat an? Weil es einfach wunderbar zeigt, wie tief wir in den Kaninchenbau der Quantenphysik hineinkriechen müssen, um uns die Arbeit mit Quantencomputern vorstellen zu können – und wie groß die Macht ist, die sie potenziell mit sich bringen. Und schließlich, wie kompliziert das alles ist.

Mit Quantencomputing eröffnet sich die Aussicht auf eine Zukunft, in der (Quanten-)Teleportation eine der üblichen Annehmlichkeiten des Lebens ist. Das bedeutet nicht: Menschen-Teleportation. Wir werden uns, fürchte ich, noch ziemlich lange mit verspäteten Zügen rumplagen oder mit vermisstem Gepäck (können wir dann irgendwann Gepäck teleportieren?). Einfach, schwupps, woanders sein, das ist Science-Fiction, nicht Wissenschaft. Aber Quanten-Teleportation bei Quantenrechnern, das ist schon Realität. Was bedeutet das konkret? Man kann sich Quantencomputing anhand der Zahl 100 000 000 000 000 verdeutlichen. Das sind 100 Billionen, und um so viel schneller kann der 2020 in China entwickelte Quantencomputer eine Berechnung anstellen als ein Supercomputer. Dieser wiederum ist etwa eine Millionen mal schneller als der schnellste Computer auf der Welt (und damit eben gleich eine Trillion mal schneller als mein Laptop). In Zahlen: 1 000 000 000 000 000 000 Mal.

Im Großen und Ganzen wissen wir nicht, welche Risiken sich aus der Bereitstellung solcher Computer ergeben, aber es ist wohl offensichtlich, dass diese Rechenleistung zahllose ruchlose Absichten unterstützen kann. Quantencomputing kann natürlich auch dabei helfen, uns vor den Auswirkungen dieser ruchlosen Absichten zu schützen. Wie immer besteht das Problem also darin, dass wir ein technologisches Wettrüsten beginnen, bei dem es keinen Platz für Fehler gibt, da jedes Versagen zur Vernichtung führen kann.

Die Ursache, weshalb Quantencomputer über diese außergewöhnliche Rechenleistung verfügen, hängt mit Schrödingers berühmter Katze zusammen beziehungsweise mit der quantenphysikalischen Erkenntnis, dass Objekte zur gleichen Zeit mehrere Zustände annehmen können (also beispielsweise tot und lebendig oder eine Welle und ein Teilchen sein können). Traditionelle Computer arbeiten mit Bits, die nur in zwei Zuständen existieren – 1 oder 0 – und immer auf einen spezifischen Zustand festgelegt sind, wohingegen ein Quantencomputer mit Qubits rechnet, die zur gleichen Zeit mehrere Zustände einnehmen können (also sowohl 1 als auch 0, sowohl tot als auch lebendig). Die Folge: Während ein traditioneller Computer sequenziell arbeitet, verläuft das Quantencomputing parallel. Aber nicht nur parallel auf zwei (Daten-)Autobahnen nebeneinander, sondern auf vielen großen Autobahnen, die alle zugleich befahren werden. Hier bin ich mit meiner Erklärung an einer Klippe angelangt, hinter der die wundersame Welt der Superposition, der Quantenverschränkung und der komplexen molekularen Systeme auf uns wartet. Aber ich denke, die Idee ist bis hierher bereits klar geworden.

Wir sind dabei, Computer dieser Art zu entwickeln, und die ersten Quantencomputer wurden bereits getestet und eingesetzt. Doch trotz erheblicher Investitionen einer ganzen Reihe von Ländern und der ersten erfolgreichen Modelle ist der weitere Verlauf auf diesem Gebiet noch unklar. Entwicklerinnen von Quantencomputern gehen zumeist davon aus, dass wir in absehbarer Zeit die sogenannte »Quantenüberlegenheit« erreichen, womit der Moment gemeint ist, wenn Quantencomputer traditionelle Computer bei einer bestimmten Aufgabe übertrumpfen. Aber natürlich ist Quantenüberlegenheit nicht gleichbedeutend mit allgemeiner Überlegenheit. Der Physiker Winfried Hensinger, der etwas von Quantencomputern verstehen dürfte, schließlich nutzt er im Rahmen seiner Forschungen gleich fünf davon, kommt zu dem Schluss: »Sie sind alle furchtbar. Sie können überhaupt nichts Sinnvolles.« Nach Heisinger sind Quantencomputer im Moment noch zu nichts zu gebrauchen. Es gibt tatsächlich nach vielen Jahren der Entwicklung eine wachsende Zahl von Stimmen, die glauben, Quantenrechner werden nie wirklich nützlich sein. Aber Ähnliches ließe sich über viele risikobehaftete Technologien in diesem Buch sagen, und doch bleibt ein Risiko. Künstliche Intelligenz, Matrix, Nanobots etc. werden wahrscheinlich erst dann akut, wenn wir Rechner haben, die unsere mentalen Fähigkeiten übersteigen.

So richtig vorstellen können wir uns natürlich diese Welt nicht. Leichter fällt da schon die Vorstellung, welchen Schaden Quantencomputer durch das Lösen komplexer Probleme anrichten können, die wir schon heute kennen. Ein solcher Schaden besteht zum Beispiel im Knacken von Verschlüsselungscodes, wie sie etwa bei Online-Messengern (zum Beispiel WhatsApp) genutzt werden, aber auch bei geheimen staatlichen Waffenprogrammen.

Ein Großteil der Kryptografie, die auf geheime, verschlüsselte Botschaften der Alten Ägypter zurückgeht, beruht im Grunde auf komplizierten mathematischen Berechnungen. Das Verschlüsseln von Botschaften fing mit einem einfachen Austausch an, also etwa indem man jedem Buchstaben eine Zahl zuordnete oder jeden Buchstaben um drei Buchstaben im Alphabet weiter nach rechts verschob (was auch unter dem Namen Caesar-Verschlüsselung bekannt ist, dessen Namensgeber durch die Asterix-Comics zu Weltruhm gelangt ist). Aus HALLO wird dann KDOOR. Die moderne Kryptografie ist deutlich komplexer, zu komplex für normale Computer. Beim Verschlüsseln kommt eine ganze Reihe unterschiedlicher Methoden zum Einsatz, von denen eine der bekanntesten das sogenannte Asymmetrische Kryptosystem (oder Public-Key-Verfahren) ist.

Schauen wir uns also an, wie nach dieser Methode Nachrichten verschlüsselt werden. Sagen wir, es geht um Atomgeheimnisse. Wenn ich Infos über ein geheimes Atomprogramm mit meiner Freundin Sarah über einen Messenger wie WhatsApp teile, tippe ich eine Textbotschaft ein (»Hallo, Sarah, bla bla bla, geheime Atominfos, bla bla bla«) und schicke die Nachricht dann ab. Was passiert, wenn Russland diese Nachricht abfängt (indem es zum Beispiel das Internetkabel anzapft, welches die Nachricht überträgt)? Nun, bevor ich sie an Sarah geschickt habe, hat Sarah ihren »public key« mit mir geteilt, der meinen Klartext (»Hallo, Sarah, bla bla bla«) in eine verschlüsselte Botschaft kodiert (»sfosinfseoifngeheimeatominfosweofiesnfoisenf«). Die verschlüsselte Botschaft erreicht Sarahs Smartphone, wird dort aber, und das ist entscheidend, nicht mit Sarahs »public key« entschlüsselt (den ja jeder bekommen kann), sondern mit Sarahs »privatem Schlüssel«. Mit anderen Worten: Ich kann den »public key« nur nutzen, um den Safe abzuschließen, aber nicht, um ihn auch wieder zu öffnen. Das kann nur Sarah mit ihrem privaten Schlüssel. Sofern ein Dritter die kodierte Nachricht mit dem öffentlichen Schlüssel geöffnet hat, kann er mithilfe eines Computers versuchen, den privaten Schlüssel zu erraten, wie bei jedem beliebigen Zahlenschloss. Doch geht es hier nicht um blindes Ausprobieren (Passwort1, Passwort2 usw.), sondern alles läuft über das Verständnis der mathematischen Beziehung zwischen dem öffentlichen und dem privaten Schlüssel. Es ist im Grunde wie die Lösung eines mathematischen Problems. Hat der unrechtmäßige Empfänger es gelöst, kann er die Nachricht lesen.

Hier kommen Quantencomputer ins Spiel, denn das oben beschriebene Matheproblem ist derart komplex, dass ein normaler Computer es niemals würde lösen können. Für einen Quantencomputer hingegen wäre das ein Kinderspiel.

Dabei ist das Abfangen der Nachrichten in der Regel der einfachste Teil. Schließlich wird jede von uns abgeschickte Nachricht von unseren elektronischen Geräten entweder in Form irgendeiner Welle oder über ein Kabel abgegeben. Ich fange die Welle auf oder zapfe das Kabel an, und, tata, ich kann zuhören. Im Augenblick sind richtig verschlüsselte Nachrichten noch fail-safe, also ausfallsicher. Viele Kommunikationsdienste wie WhatsApp können nicht einmal von Regierungen gehackt werden.[*] Noch einmal: Das ist der Unterschied zu Passwörtern, die nicht fail-safe sind (Passwort1 als Kennwort unbedingt ändern!).

Natürlich arbeiten Regierungen bereits an Lösungen, um kodierte Nachrichten vor Quantencomputern zu schützen. Das Problem: Ein solches Verfahren betrifft dann nur zukünftige Nachrichten. Denn manche Staaten greifen auf eine »jetzt einsammeln, später dekodieren«-Strategie zurück, bei der meine Nachricht an Sarah heute erst einmal abgegriffen und als unlesbare Botschaft abgespeichert wird, bis ihre Quantencomputer morgen so weit sind, sie entschlüsseln zu können. Und voilà, alle Geheimnisse der Welt sind nun öffentlich.

---

[*] Bedeutet genau genommen, dass zwar Nachrichten »geklaut« werden können, aber nur verschlüsselt.

Damit sind wir zwar weit von Armageddon und der Apokalypse entfernt, aber ganz nah an etwas dran, worauf wir schon mehrfach in diesem Buch gestoßen sind. Privatsphäre ist ein fundamentaler Bestandteil des modernen Lebens und moderner Verfassungen; sie ist nicht nur gesetzlich garantiertes Recht, sondern auch ein Kernanliegen menschlicher Interaktion. Sicher, Quantencomputer werden irgendwann vielleicht Atomwaffengeheimnisse hacken können. Aber, und ich wage, es hier zu sagen: Vielleicht noch schlimmer wäre es, wenn sie unsere Welt in einen Glaskasten verwandelten.

Was das jetzt mit Teleportation zu tun hat? Unter anderem gilt Quantenteleportation als potenzielle Lösung, genauer gesagt als einzige narrensichere Verschlüsselungsmethode, die die Physik derzeit zu bieten hat. Denn falls beim Quantencomputing jemand versucht, die Nachricht abzugreifen, würde er sie, dank der seltsamen Eigenschaften der Quantenmechanik, dabei verändern. Insofern ist das also ein wichtiger Forschungsbereich.

Ich persönlich hoffe natürlich noch, dass Quantencomputer berechnen können, wie sich Wurmlöcher erschaffen lassen, durch die wir uns dann teleportieren können. Beam mich rauf, Quantencomputer!

(ANTIBIOTIKA-)RESISTENZEN

DAS RISIKO IN EINEM SATZ: Antibiotika wirken nicht mehr.

MUSS ICH MIR SORGEN MACHEN? Na ja, wir können ja dann zur Not bei Vollmond einen Lavastein in unserer rechten Jackentasche nach links drehen, soll auch helfen. Aber ja, vielleicht wären Antibiotika nicht schlecht.

//

Keine menschliche Erfindung kommt an eine Superkraft so nahe heran wie Antibiotika. Mir fällt keine einzige andere Innovation ein, die derart unumschränkt großartig ist. Jede andere bedeutende Erfindung hat ihre Schattenseite. Fossile Energie verursacht den Klimawandel. Räder transportieren Waffen und töten kleine Insekten. Pokémon-Karten lassen Eltern auf der ganzen Welt in Armut versinken. Alles hat einen Nachteil. Nur Antibiotika nicht. Sie machen einfach kranke Menschen gesund. Misanthropen mögen das bedauern, doch all jene unter uns, denen die Menschheit am Herzen liegt, bejubeln Antibiotika voller Inbrunst.

Ich schrieb diesen ersten Absatz, noch bevor ich mich an die eigentliche Recherche machte, und dachte dann, mmh, vielleicht sollte ich doch einmal überprüfen, ob das überhaupt so stimmt. Aber das tut es! Webseiten, die über die Nachteile von Antibiotika berichten, erwähnen Nebenwirkungen wie »erhöhte Sonnenlichtempfindlichkeit«. Antibiotika sind derart großartig, dass ich nicht einmal zu 100 Prozent sicher bin, ob die als negativ aufgelisteten Dinge wirklich schlecht sind. Ich kenne eine ganze Menge käsiger weißer Männer wie mich selbst, die nichts gegen einen Hauch mehr Sonnenbräune einzuwenden hätten. Und dank Nanotechnologie ist meine Sonnenschutzcreme jetzt ohnehin richtig stark.

Nicht nur, dass Antibiotika grundsätzlich großartig sind, auch ihre Entdeckungsgeschichte ist unglaublich. Der britische Wissenschaftler Alexander Fleming kehrte 1928 nach einem Urlaub in sein Labor zurück, wo er bemerkte, dass sich über eine Petrischale mit Bakterien ein Schimmelpilz ausgebreitet hatte, der das Wachstum der Bakterien verhinderte. Der Schimmelpilz hatte offenbar eine Substanz entwickelt, die ihn vor den Bakterien schützte: das Penicillin.

Es sollte zwar noch fast zwei Jahrzehnte dauern, bis Penicillin der Allgemeinheit in großem Umfang zur Verfügung stand (auch wenn es schon im Zweiten Weltkrieg bei amerikanischen Soldaten Anwendung fand), doch sein Erfolg ist einzigartig. Zusammen mit den anschließend entwickelten und seitdem produzierten anderen Antibiotika rettet es jedes Jahr mehr als zehn Millionen Menschen vor dem Tod, so Schätzungen.

Ein Problem haben Antibiotika dann aber doch: Ab einem gewissen Punkt hören sie auf, wirksam zu sein. Das potenzielle Resultat einer Welt ohne Antibiotika: Zehn Millionen zusätzliche Tote Jahr für Jahr, also fast 20 Prozent aller globalen Sterbefälle. Dazu noch mehrere Billionen US-Dollar jährliche Wirtschaftseinbußen.

Und die Abstumpfung gegenüber der Wirkung hat schon angefangen. Eine Studie aus dem Jahr 2022 geht von über einer Million Todesfällen aus, die im Zusammenhang mit einer Antibiotika-Resistenz stehen, das wären mehr als durch HIV/AIDS oder Malaria zusammen. Einige Forscherinnen halten Antibiotika-Resistenzen bereits für die größte Bedrohung für die Gesundheit der Menschen im subsaharischen Afrika. Sie dürften auch schon heute bei fünf Millionen weiteren Toten eine Rolle gespielt haben. Das ist ziemlich vage formuliert, könnte aber bedeuten, dass eine Antibiotika-Resistenz bei rund zehn Prozent aller Todesfälle weltweit als Todesursache mit auftaucht. Wobei diese Studien in den Medien oft so zitiert werden, als hätte die Resistenz den »Tod verursacht«. Was offensichtlich eine sehr merkwürdige Herangehensweise an das Problem ist, da es ja in Wirklichkeit Bakterien mit einer Antibiotika-Resistenz sind, die den Tod verursachen, nicht die Resistenz an sich.

Ein wichtiger Punkt ist, dass wir für diese Entwicklung in gewissem Maße natürlich selbst gesorgt haben. Wir tragen durch unser Handeln die Verantwortung für die Antibiotika-Resistenzen. Sie sind eine Folge der massenweisen (und oft falschen) Einnahme dieser Medikamente, die den natürlichen Prozess der Resistenz-Bildung bei den Bakterien beschleunigen. Dabei sind die meisten Menschen gar nicht scharf darauf, Antibiotika einzunehmen, würden sie lieber vermeiden und sind umsichtig bei ihrer Anwendung. Im Übrigen werden Schätzungen zufolge 73 Prozent aller Antibiotika gar nicht von uns Menschen direkt eingenommen, sondern von den Tieren, die wir essen. Selbstredend tragen also alle Nicht-Vegetarier durch ihren Fleischkonsum zur Antibiotika-Resistenz bei. Entscheidend ist, wie ich bereits erwähnte, dass eine Antibiotika-Resistenz ein natürlich auftretendes Phänomen ist, das durch die oben erwähnten Praktiken nur beschleunigt wird.

Die Dynamik ist unausweichlich. Wie in jedem Krieg – und in gewisser Weise führen Menschen Krieg gegen Bakterien, zumindest gegen die bösen Arten von Bakterien – passt sich der Feind stets der Lage an. Und unsere übertriebene und häufig falsche Verwendung von Antibiotika trägt zu den Resistenzen bei. So sind wir aus gutem Grund angehalten, die gesamte verschriebene Dosis Antibiotika einzunehmen, selbst wenn wir uns vor Ende der Kur schon besser fühlen. Denn genau wie der Mensch, der Antikörper gegen einen Virus entwickelt, den er überlebt hat, geben Bakterien, die bei einer Antibiotikabehandlung nicht vollständig abgetötet wurden, ihre schützenden Mutationen und Anpassungsmechanismen an ihre Nachkommen weiter.

In der Theorie könnten wir mit einer neuen Generation von Antibiotika zurückschlagen. Doch in der Praxis gelingt das nicht, zumindest nicht schnell genug. Die langwierigen Entwicklungszeiten und geringen Gewinnaussichten machen die Antibiotikaforschung zu einer äußerst unattraktiven Geschäftsidee für Pharmaunternehmen (die Möglichkeit, Millionen Menschenleben zu retten, ist offenbar kein Faktor in der Gleichung). Doch diese Beschreibung ist nicht ganz fair. Bestimmte Marktbedingungen aufzubauen und sich anschließend darüber zu beschweren, dass sich wirtschaftliche Akteure nach genau diesen Marktmechanismen verhalten, führt uns nicht sonderlich weit. Klar ist, dass wir eine konzertierte Anstrengung brauchen. Das lässt sich für viele der in diesem Buch beschriebenen Risiken sagen, und doch sind konzertierte Anstrengungen nicht unbedingt unsere Stärke. Infolgedessen erscheinen Horrorszenarien der Antibiotika-Resistenz derzeit leider wahrscheinlicher als ihr Gegenteil. Und selbst wenn es nicht zu zehn Millionen Toten pro Jahr kommt – auch schon die Hälfte davon wäre eine Krise epischen Ausmaßes. Jedoch gibt es immer mal wieder Lichtblicke. Trotz meines Zynismus gibt es Hoffnung auf neue Antibiotika. So gab es im Januar 2024 Nachrichten von einem neuen Ansatz, der besonders effektiv gegen eine der resistentesten Varianten sein soll. Aber auf den Durchbruch in der Praxis müssen wir wohl noch warten.

Wie bei jedem Kapitel fällt es mir auch hier schwer, das Ausmaß der Krise im Verhältnis zu den anderen Risiken zu gewichten und einzuordnen. Wir springen hin und her zwischen potenziell planetenzerstörenden Ereignissen, der digitalen Offenlegung all unserer Geheimnisse, Millionen zusätzlichen Toten jedes Jahr, außerirdischen Invasoren und Antibiotika Wie können wir all das an irgendeiner Messlatte verorten? Gar nicht, letztendlich. Daher sollten wir am besten jedes Kapitel für sich stehenlassen, jedes Risiko einzeln bearbeiten, uns das Unheil einer Antibiotika-Resistenz bewusst machen und all unsere Tabletten ordentlich bis zum Ende nehmen (und vielleicht weniger Fleisch essen!). Unsere Nachkommen werden es uns danken!

SCHWARZES LOCH

DAS RISIKO IN EINEM SATZ: Ein Schwarzes Loch wird uns alle verschlingen.

MUSS ICH MIR SORGEN MACHEN? Nein, aber lies dieses Kapitel bitte trotzdem.

Ethan Siegel ist ein ernstzunehmender Typ. Man darf sich nicht von dem Foto auf seinem Blog *Big Think*, auf dem er ein goldenes Jackett, eine psychedelische Brille und eine Art lila Krone trägt, oder von seinem Foto für die *Forbes*-Kolumne, mit dem Ganzkörperanzug und den blauen Engelsflügeln, in die Irre führen lassen. Er ist theoretischer Astrophysiker, ehemaliger Dozent am Lewis & Clark College und seit 2016 Wissenschaftsjournalist für *Forbes*. Er hat die Wahrscheinlichkeit dafür berechnet, dass die Erde von einem Schwarzen Loch verschluckt wird. Wir kommen später auf Ethan Siegel und die wunderbare Welt der planetaren Risikoberechnung zurück, hier nur schon einmal der Hinweis, dass die Wahrscheinlichkeit nicht bei null liegt (das heißt immer noch, dass wir uns keine Sorgen machen müssen, aber wie gesagt, dazu später mehr).

Eine Milliarde Schwarzer Löcher gibt es allein in unserer Milchstraße. Das größte sitzt in ihrem Zentrum, Sagittarius A*, mit einer Masse von vier Millionen Sonnen. Kurz zur Erinnerung: Diese Schwarzen Löcher sind ein Problem, da sie wie gewaltige Weltraumstaubsauger funktionieren, die alles Licht und alle Masse in ihrer Umgebung absorbieren. Wäre das All der Boden des Kinderzimmers meines Sohnes, wäre der Planet Erde (eigentlich unser gesamtes Sonnensystem) ein winziges Lego-Teilchen, das darauf hofft, Papas ultimativen Frühjahrsputz (mit dem schwarzen Loch des Staubsaugerrohrs) zu überstehen. Der Vergleich hinkt natürlich, was die Größenverhältnisse angeht. Der Staubsauger ist in einem Riesengebiet im Einsatz, verirrt sich also vielleicht nicht in dieses Kinderzimmer.

Eben aus diesem Grund muss man sich über Schwarze Löcher nicht unbedingt Sorgen machen. Ethan Siegel denkt, die Wahrscheinlichkeit, ein Schwarzes Loch könnte die Erde über die Dauer ihrer gesamten Existenz verschlucken, liege bei 1 zu 40 Milliarden. Oder jedes Jahr bei 1 zu 100 000 000 000 000 000 000. Wäre der gesamte Sand der Welt weiß, und gäbe es nur ein einziges schwarzes Sandkorn, wäre die Wahrscheinlichkeit, dass man dieses Sandkorn aus dem übrigen Sandberg herauszöge, größer, als dass die Erde zu unseren Lebzeiten von einem Schwarzen Loch erwischt würde.

Auf jeden Fall dürften wir zudem etwas Vorwarnzeit haben, sollte es doch so weit kommen. Schwarze Löcher saugen Licht und Materie ein, weshalb sie selbst eben kein Licht aussenden. Sie sind dunkel. Doch die Spur ihrer Verwüstung kann man erkennen, da sich die Planeten in ihrer Nähe sonderbar verhalten, während sie bei lebendigem

Leib verspeist werden. Sollte sich ein Schwarzes Loch unserem Sonnensystem nähern, würde uns das auffallen. Demnach ist zumindest heute und morgen die Anzahl der schwarzen Sandkörner in dem globalen Sandhaufen, in dem wir leben, gleich null.

Da wäre allerdings noch ein weiteres Problem mit Schwarzen Löchern. Denn alles, was ausreichend zerstörerische Kräfte besitzt, um die Erde wegzusaugen, stellt ein Problem dar, selbst wenn es nicht tatsächlich unseren Planeten verschlingt. Man muss nicht auf Ground Zero einer Atombombenexplosion stehen, um sich Sorgen vor dem Fallout zu machen. Wie nahe dran zu nahe dran ist, bleibt die Frage. Schwarze Löcher sind sehr unterschiedlich dimensioniert, von der Größe eines einzigen Atoms (ja, es gibt Schwarze Löcher in der Größe eines Atoms, aber mit der Schwere eines Bergs) bis hin zur Masse von Millionen von Sonnen (Sagittarius A*). Der Punkt, an dem ein Schwarzes Loch zum Problem wird, ist erreicht, wenn es so nahe an uns heranrückt, dass seine Schwerkraft die Erde von ihrem Kurs abbringt, was dazu führen könnte, dass wir entweder aus unserem Sonnensystem »herausgeschleudert« werden oder sich unsere Umlaufbahn so signifikant verändert, dass die Erde unbewohnbar wird.

Und dann wäre da noch das Risiko einer »Spaghettisierung«, bei der die auf die Erde wirkenden Gezeitenkräfte die Erde in Teile oder eben Spaghettistreifen »zerreißen« würden. Ein aufsaugendes Schwarzes Loch könnte natürlich auch dadurch bei uns globale Störungen auslösen, dass aus anderen Sonnensystemen herausgeschleuderte Planeten auf die Erde krachen (was keine Premiere wäre, wie man im Kapitel über Planetoiden erfahren kann).

Dabei gibt es keinen definierten Punkt, an dem die Gefahr von »null« auf »voll« springt, doch Ethan Siegel geht davon aus, dass ein Schwarzes Loch in der 99-fachen Größe der Sonne sich der Erde auf etwa zehn Astronomische Einheiten annähern müsste, um den Prozess der Spaghettisierung auszulösen. Zehn Astronomische Einheiten entsprechen der zehnfachen mittleren Entfernung zwischen Erde und Sonne. Im Verlauf der Erdexistenz liegt das Risiko der Spaghettisierung demzufolge bei 1 zu 400 Millionen.

Schwarze Löcher sind nicht die größte Bedrohung, die das Universum für uns bereithält. Wir müssten Dutzende von anderen Gefahren überstehen, um uns glücklich genug schätzen zu dürfen, uns über Schwarze Löcher Sorgen zu machen. Eine erdnahe Supernova, Planetenkiller oder die Zerstörung der Biosphäre in den nächsten Hunderten von Millionen Jahren sind alles deutlich drängendere Sorgen. Wir müssen schlicht Prioritäten setzen, wenn es um die großen Risiken geht, und auch auf die Gefahr hin, von der wissenschaftlichen Gemeinschaft spaghettisiert zu werden, kann ich mich nicht dazu durchringen, Interesse für Schwarze Löcher aufzubringen.

TOTALITÄRER STAAT

DAS RISIKO IN EINEM SATZ: Die liberale Demokratie wird von autoritären und totalitären Kräften zerstört und damit auch das Ideal des freien politischen Menschen begraben. Dabei glauben manche Menschen tatsächlich, die Entwicklung hin zum Totalitarismus sei der einzige Schutz vor dem Untergang der Zivilisation. Daher ist dieses Risiko auch das einzige, bei dem ich die »Das Risiko in einem Satz«-Regel breche.

MUSS ICH MIR SORGEN MACHEN? Ja! Ja, ja, ja, ja! Ja, ja! Ja! Ja! Ja! Na gut, angenommen, du hast nicht vor, dich dem Widerstand anzuschließen, so wirst du wahrscheinlich nicht an die Wand gestellt werden. Aber wer nicht Widerstand leistet, der lässt dieses Risiko überhaupt erst aufkommen. Wenn du nicht in einem totalitären Staat leben möchtest, solltest du dir große, große Sorgen machen.

Das Spannungsfeld zwischen der liberalen politischen Ordnung und der totalitären Ordnung ist inzwischen gut 100 Jahre alt, je nachdem, ab wann man zählt. Die beiden wichtigsten Daten sind 1917 – Lenins Oktoberrevolution – und 1933 – Hitlers Machtergreifung. Auch wenn Italien mit Marinettis *Manifest des Futurismus* und Mussolinis

Marsch auf Rom 1922 der Geburtsort des Faschismus ist, beginnt die Idee des totalitären Faschismus so richtig mit Hitler zu wachsen. *Das* Buch zu diesem Spannungsfeld ist nicht zuletzt dank der kurzen Laufzeit des Konflikts noch nicht geschrieben. Wie genau er enden wird, bleibt offen, auch wenn Francis Fukuyama 1989 ein Ende – in Gestalt des Sieges der liberalen Demokratie – verkündet hat. Zumindest in der westlichen Welt sind die Geister totalitärer Strömungen jedoch so präsent wie schon lange nicht mehr. Eine Anzahl der in diesem Buch beschriebenen Risiken leisten hierzu einen nicht unbeträchtlichen Beitrag. Eine Migrationsdynamik, getragen und getrieben vom Klimawandel, der mittelbar Konflikte und Kriege schürt, Verlustängste auslöst und in Europa verstärkt eine Abwendung von liberalen Idealen provoziert. Fake News durch Künstliche Intelligenz, durch die Menschen gegeneinander aufgehetzt werden. Eine durch Cyberangriffe manipulierte Brexit- und US-Präsidentenwahl 2016. Und eine Welt, in der »Du« dank des Internets einen direkten Draht zu allen Menschen haben kannst, leider oft mit bösen Folgen.

All diese Risiken gefährden das freie Leben und das friedliche Miteinander, sie bilden die Grundlage für eine von den Nazis formulierte gesellschaftliche Dystopie, in der niemand mehr ein Privatmann oder eine Privatfrau ist. Dabei kann man nicht genug betonen, wie stark der technologische Fortschritt totalitären Ambitionen zuarbeitet. Die Totalüberwachung in Nordkorea ist vielleicht das am weitesten entwickelte Beispiel hierfür. Moderne Technologie ermöglicht ein Ausmaß an Überwachung, das die Bildung von Unruheherden fast unmöglich macht. Ein voll entwickelter totalitärer Staat kann die gesamte elektronische Kommunikation und die Bewegungen der Bevölkerung überwachen. Wie lässt sich unter solchen Bedingungen noch Widerstand organisieren?

Natürlich hatten in den letzten 100 Jahren totalitäre Regimes nicht die beste Erfolgsbilanz. Aber gut: »Anfängerfehler!«, mag der Zyniker rufen. Zum Glück haben sich die totalitären Ideologien mit ihrem Größenwahn selbst geschadet und damit viele vergrault – und nicht verführt. So haben sich die meisten Regimes früher oder später von außen und/oder innen zersetzt. Darauf jedoch jetzt zu spekulieren ist ein Spiel mit dem Feuer.

Wenn sie dann doch für stabile Verhältnisse sorgen? Was dann? Die Frage lautet nicht, ob liberale Demokratien im Kampf der Ideen gegen totalitäre Staaten notwendigerweise zum Untergang verurteilt sind. Wie in einem Boxkampf werden sie manchmal gewinnen und manchmal verlieren. Die Frage ist, ob mittelfristig der oben beschriebene technologische Fortschritt dazu führt, dass den Demokratien die Kraft für die zweite Chance ausgeht, ganz im Sinne des alten Sprichworts: »Einmal totalitär, immer totalitär.«

Das Ganze wird dadurch nicht einfacher, dass es vermehrt auch Stimmen gibt, die von einem totalitären System die Rettung oder den Schutz vor modernen Risiken erhoffen. Damit meine ich nicht nur die desillusionierten Opfer des modernen Kapitalismus und seiner technologischen Auswüchse. Sondern zum Beispiel auch Stimmen aus der Öko-Bewegung, die glauben, dass die Demokratie sowieso zu lahm und zu langsam agiert. Sie fragen sich, wer in der modernen Gesellschaft für Sicherheit sorgt, wenn einige Individuen oder eine Handvoll Menschen über die Macht verfügen, Millionen zu töten? Nehmen wir mal als etwas künstliches Beispiel die Idee, dass ein einzelner Mensch allein durch seine Emissionen das globale Klima um 6 Grad

Celsius erwärmen könnte. Zugegeben, die Zeit, die er dafür bräuchte, wäre sehr, sehr, sehr lang, aber was, wenn Geoengineering als Technologie überall verfügbar wäre? Klimakriege beziehungsweise (virtuelle oder reale) Massenvernichtungswaffen zu verhindern könnte ein Maß an Überwachung verlangen, das nur mit totalitärer Politik machbar wäre. Im Kapitel »Du« wurde das Thema bereits angesprochen. Aus dieser sehr speziellen Perspektive erscheint der totalitäre Staat als Bollwerk gegen die Zerstörung der Gesellschaft. (Herzlich willkommen im »Oben ist unten und unten ist oben«-Kapitel meines Buches. Bitte nimm an der Zimmerdecke Platz.)

Die Vertreter dieser Denkschule erkennt man daran, dass sie meistens wenig Interesse am Leben und Zusammenleben der Menschen haben. Zu ihnen gehören die »Öko-Faschisten«, die den Menschen im Verhältnis zur Natur nur noch als Parasiten wahrnehmen, aber auch die Jünger einer im Silicon Valley anzutreffenden Ideologie, die vom »Übermenschen« träumen und den Körper als Altlast sehen.

Ich glaube, dass es den meisten schwerfällt, sich mit solchen Zukunftsvisionen anzufreunden. Es muss Alternativen geben! Es kann nicht sein, dass der totalitäre Staat als Lösung für alle Probleme angepriesen wird und die liberale Demokratie abschafft, weil sie angeblich mit den großen Risiken unserer Zeit (Klimawandel!) überfordert ist. Wir brauchen aber auch den Mut, andere politische Modelle außerhalb dieses binären Spannungsfeldes zu erkunden – idealerweise Modelle, die zur Weiterentwicklung und Verwandlung der liberalen Demokratie selbst dienen. Aber die Furcht, als anti-demokratisch oder anti-liberal abgestempelt zu werden, wenn man sich fragt, wie »fit« die moderne Demokratie in Anbetracht dieser Bedrohungen ist, führt eben genau dazu, dass sich die politische Offensive auf die Kräfte verschiebt, die der Demokratie und der liberalen Ordnung an die Gurgel gehen.

Es gibt auch einige Dinge, die für liberale Demokratien sprechen. Zum Glück. Einen Punkt hatten wir bereits erwähnt. Totalitäre Regimes tendieren dazu, interne und externe Gewalt zu eskalieren, die sich letztlich zerstörend gegen sie selbst richtet. Ob es sich dabei um einen Geburtsfehler dieses politischen Modells handelt oder um Jugendsünden, die sich auswachsen, muss man ernsthaft prüfen. In diesem Zusammenhang ist Nordkorea ein interessanter Fall, denn dieser totalitäre Staat entgeht dem selbstzerstörerischen Zirkel der Gewalt, indem er sich abschottet und sich durch den Zugang zu Atomwaffen eine Art Immunität verschafft. Zumindest bis jetzt.

Es bleibt die Sorge, dass der Zugriff totalitärer Kräfte auf die Schalthebel der politischen Macht irreversibel sein könnte, dass die Gesellschaft womöglich einen Punkt erreicht, von dem aus es kein Zurück mehr gibt. Ein anderes Ende der Geschichte.

In dieser Welt regiert die Angst. Wir verlieren die Möglichkeit, uns selbst auszudrücken, der Raum für das eigene Denken schrumpft zusammen, das höchste Privileg des Denkens – das Recht, sich zu irren – wird kassiert. Die Menschheit blüht in totalitären Staaten nicht auf, sie verdorrt am Weinstock, kollabiert wie ein Schwarzes Loch in sich selbst und friert ein. Und all dies mit einer Gewalt, mit der nur wenige Risiken in diesem Buch mithalten können. Der totalitäre Staat ist das gesellschaftliche Äquivalent des im Kapitel »Jüngstes Gericht« erwähnten Hitzetods, dem »Big Freeze«.

Und genau aus diesem Grund dürfen wir nicht zulassen,

dass dieses politische System sich durchsetzt. Wir müssen Energien freilegen, die in den Kampf gegen den Totalitarismus fließen, aber auch in die Entwicklung neuer politischer Alternativen. Wir können den Totalitarismus und seine etwas zahmeren Verwandten wie den Populismus nicht besiegen, indem wir Winston Churchills Diktum vor uns hertragen, die Demokratie sei die schlechteste aller Staatsformen, ausgenommen alle anderen. Damit locken wir niemanden mehr hinter dem Ofen hervor. Wir müssen es besser machen, und das gelingt nur, wenn auf dem ganzen Globus kreative Ideen rund um demokratische Teilhabe und politische Entscheidungsfindung mobilisiert werden.

UFOS

DAS RISIKO IN EINEM SATZ: Außerirdische Lebensformen erobern oder zerstören die Erde beziehungsweise eliminieren oder versklaven einen Großteil der Menschheit.

MUSS ICH MIR SORGEN MACHEN? Wahrscheinlich nicht, da die Chancen gut stehen, dass sich dies zu unseren Lebzeiten nicht ereignet. Aber es ist trotzdem unterhaltsam, sich darüber aufzuregen, und man wirkt unglaublich vorausschauend, wenn die Aliens dann doch kommen und man behaupten kann, man habe es ja schon immer gesagt. Dabei könnte die Invasion bereits passiert sein, ohne dass wir davon wissen, und die meisten Wissenschaftlerinnen, die sich damit beschäftigen, wundern sich, warum es nicht schon längst so weit gekommen ist, weshalb es sogar einen Fachausdruck für diese Verwunderung gibt (das Fermi-Paradoxon).

Wir werden bald entdecken, dass es eigentlich nicht die Unidentifizierten Flugobjekte (Ufos) sind, die das Risiko darstellen. Solange sie unidentifiziert bleiben, stellen sie für uns keine bekannte Gefahr dar. Erst wenn erkennbar wird, dass sie sowohl echt sind als auch Außerirdische transportieren, die die Erde erobern wollen, besteht akuter Anlass zur Sorge. Leider war der Buchstabe »A« wie »Außerirdi-sche« bereits für die Atombombe vergeben. Ich muss an dieser Stelle zudem gestehen, dass ich dieses Thema zuerst nur lächerlich fand. So sehr, dass ich für den Thinktank, den ich mitbegründet und lange Jahre geleitet habe, einen Bericht als Aprilscherz verfasste, der die Finanzrisiken einer Invasion durch Aliens quantifizierte. Was bei Thinktanks halt so als Humor durchgeht. (Für all jene, die es interessiert: Ich habe den Bericht tatsächlich veröffentlicht und wurde später bei einem Meeting über Finanzrisiken bei einer großen europäischen Zentralbank als der »alien guy« vorgestellt – der Höhepunkt meiner Karriere.) Bei genauerer Recherche stellte ich dann fest, dass viele die »Ufos« doch ziemlich ernstnehmen. Immerhin hat das US-Repräsentantenhaus im Frühjahr 2023 eine Kongressanhörung zu diesem Thema veranstaltet.

Fangen wir, wie immer, mit dem aktuellen Forschungsstand an. In der einleitenden Bemerkung habe ich schon verraten, dass das Rätsel hier nicht ist, ob außerirdische Lebensformen existieren, sondern warum sie noch nicht vorbeigekommen sind, um KDOOR[*] zu sagen. Unsere Erde ist nämlich ein sehr junger Planet. Während das Universum knapp 14 Milliarden Jahre alt ist, feiert unsere Erde gerade einmal ihren 4,5-milliardsten Geburtstag. Wir sind noch nicht sehr lang dabei. Es gibt also jede Menge Planeten, die lange vor uns gestartet sind. Sie haben eben nicht nur ein paar Meter Vorsprung, sie hatten rund zehn Milliarden Jahre länger Zeit, sich zu sortieren. Und das ist eine gewaltige Zahl. Wenn man sich also vorstellt, dass uns einige Milliarden

---

[*]   Wer hier eine Auflösung sucht, wird im Kapitel Q fündig …

Jahre mehr zur Verfügung stehen und es da draußen Milliarden und Abermilliarden von Planeten gibt, dann sollte es doch durchaus im Bereich des Möglichen liegen, eine Technologie zu entwickeln, um die Umgebung, das sogenannte »Universum«, zu erkunden. Warum also hat noch niemand unseren Planeten erkundet?

Dieses Rätsel ist unter dem Namen »Fermi-Paradoxon« bekannt, benannt nach dem italienisch-amerikanischen Kernphysiker Enrico Fermi. Dieser saß im Jahr 1950 mit seinen Los-Alamos-Kollegen Emil Konopinski, Edward Teller und Herbert York bei einem langen Mittagessen zusammen und stellte schließlich die einfache Frage: »Wo sind sie denn alle?« Die Grundlage des daraufhin entwickelten Paradoxons besteht aus genau dem eben Beschriebenen – der Tatsache, dass wir Aliens schon längst hätten begegnen sollen.

Seit Fermi, und sicher nicht erst seit ihm, zerbrechen sich Wissenschaftlerinnen den Kopf, um das Fehlen einer Begegnung mit außerirdischen Lebensformen von anderen Planeten zu erklären. Das tun sie so intensiv, dass es inzwischen eine ganze Reihe etablierter »Denkschulen« zu dem Thema gibt. Eine jede hat ihre eigenen Auswirkungen für unsere Erkundung der kleineren und größeren existenziellen Risiken in diesem Buch sowie auf die Einschätzung des Risikos einer Invasion durch Außerirdische.

Die erste Denkschule geht unter dem Schlagwort »Der Große Filter« davon aus, dass es in der Entwicklung jeder Lebensform einen Moment gibt, »an dem sie auf eine Wand trifft, an der alle oder fast alle Lebensformen scheitern«, so der amerikanische Autor Tim Urban. Was im Grunde heißt, dass jede höher entwickelte Zivilisation eines Tages vor einem Endspiel ums Überleben steht. Die entscheidende Frage für uns lautet dann, ob wir eine Ausnahme darstellen, als die Ersten gelten dürfen oder, um hier den Fachjargon zu bemühen, in einer »beschissenen Lage« sind.

Sind wir die Ausnahme von der Regel, droht keine außerirdische Invasion. Wir hätten in diesem Fall dank irgendeiner glücklichen Fügung des Schicksals als Einzige den »Großen Filter« überstanden und gingen ins Rennen, ohne dass wir uns noch um andere Lebensformen sorgen müssten. Falls wir freilich die Ersten sind, bedeutete das, dass wir nicht einzigartig sind, sondern einfach Vorsprung haben. Eine Studie des serbischen Astrophysikers Milan Cirkovic regt an, warum genau das der Fall sein könnte. Laut Cirkovic befinden wir uns demnach in einem astrobiologischen Phasenübergang (kurz, einer dem Leben besonders wohlgesonnenen Zeit im Weltraum). Insgesamt wäre auch das eine gute Ausgangssituation. Die anderen holen vielleicht auf, aber wir befinden uns trotzdem nicht auf invasionsgefährdetem Gelände. Die dritte Möglichkeit ist, dass wir aufgeschmissen sind – auch wir werden im »Großen Filter« hängenbleiben und aussterben. Dieses Buch enthält 26 Kapitel mit Erklärungen, warum oder in welcher Form diese Endspielprüfung noch vor uns liegen könnte. Zugleich ergibt sich aus all jenen drei Szenarien nur ein geringes Risiko für eine unmittelbar bevorstehende Invasion durch Außerirdische. Natürlich gibt es noch eine vierte Variante: Die Zivilisation steht kurz vor dem »Großen Filter«, und es kann sich nur noch um Stunden handeln ...

Die zweite Denkschule sagt, dass es dort draußen zwar intelligente Zivilisationen gibt, aber zugleich gute Erklärungen dafür vorliegen, dass wir noch nie von ihnen gehört haben. So haben Forscher unzählige Argumente, dass wir noch niemandem begegnet sind – zu viele, um sie hier alle aufzuzählen. Ich will nur meine drei Highlights nennen. Grund eins ist die »Zoo-Hypothese« (für alle Trekkies dort draußen: die »Oberste Direktive«), die besagt, dass die Aliens eine »nur schauen, nicht anfassen«-Politik für unseren Planeten fahren und uns schlicht beim Tanz zuschauen.

Eine zweite mir besonders sympathische Erklärung ist, dass die Idee einer Invasion und Kolonisierung höheren Wesen witzlos erscheint. Warum sich mit Kolonien herumschlagen, wenn man Beherrscher des Universums ist? Lieber einfach genießen. Ich stelle mir hier ein paar gelangweilte Alien-Teenager vor, die auf ihren Alien-Couches fläzen, unser Gehabe per Livestream auf ihren Alien-iPads verfolgen, Alien-Kartoffelchips snacken und sich mit der Hand auf die Stirn schlagen, »Okay, Erdlinge, Ober-Loser!«.

Eine andere Variante dieser Idee wäre natürlich, dass wir uns alle auf Erden ganz grundsätzlich über unsere Realität täuschen und bereits in einer Simulation leben (siehe das Kapitel »M – Matrix«). Wir werden vielleicht unendlich viel Rechenleistung haben, um Welten zu simulieren, aber Außerirdische innerhalb dieser simulierten Welten ist dann vielleicht doch eine Umdrehung zu viel.

Meine dritte Lieblingserklärung ist etwas düster: Hier gehen wir davon aus, dass es eine »superräuberische« Zivilisation gibt, die sich erst einmischt, sobald eine andere Lebensform allzu intelligent geworden ist oder die Superräuber aus irgendeinem anderen Grund verärgert hat. Diese These hat sogar einen eigenen NASA-Bericht erhalten, in dem dargelegt wird, inwiefern der Klimawandel das Risiko einer außerirdischen Invasion erhöht (kein Witz – den Bericht gibt es tatsächlich!).

Dieser Artikel, verfasst von Seth Baum von der Pennsylvania State University und Shawn Domagal-Goldman von der NASA Planetary Science Division, warnt, dass »es besonders wichtig für uns ist, unsere Treibhausgasemissionen zu reduzieren, da die Beschaffenheit der Atmosphäre von anderen Planeten beobachtet werden kann.« Demzufolge könnte der Klimawandel ein Warnsignal sein, dass wir ein Entwicklungsstadium erreichen, welches mittelfristig eine Bedrohung für Außerirdische darstellen könnte. Oder vielleicht sind Außerirdische auch sehr öko-bewusst, so eine Art »Letzte Generation« mit Spacelaser. Vielleicht wünscht sich manch einer schon bald die Klebeproteste zurück, die verliefen wenigstens friedlich! Fairerweise sagt der Artikel dann auch, dass »das Risiko einer Begegnung mit Außerirdischen« nicht als stärkste »Rechtfertigung« dafür taugt, sich um »die Reduktion von Emissionen und andere ökologische Projekte« zu kümmern.

Wie abstrus auch immer diese Diskussionen wirken mögen, die Kernbotschaft dieser Denkschule ist simpel: Das Risiko einer Invasion ist real, und die Ungewissheit bezieht sich nur darauf, warum noch keine Außerirdischen auf Erden gesichtet wurden. Es steht außer Zweifel, dass es Leben auf anderen Planeten geben muss, alles andere wäre absurd. Dass es gleichwohl noch zu keiner Begegnung kam, spricht aber für sich. Dies legt nahe, dass das damit verbundene Risiko nicht allzu hoch ist. So einfach mehrere Millionen oder Milliarden Lichtjahre zu durchqueren ist halt kein Kinderspiel.

Die meisten der von Wissenschaftlerinnen vorgelegten Szenarios erklären nicht nur das Fermi-Paradoxon, sondern machen zugleich deutlich, warum wir in absehbarer Zeit nicht Klingonisch lernen müssen. Allerdings gibt es auch einige wenige Modelle, die eine ganz andere Geschichte erzählen. Eine erwähnte ich bereits. Die gesellschaftliche Entwicklung auf Erden steht derzeit womöglich an einem Wendepunkt, an dem wir die Aufmerksamkeit von Außerirdischen auf unseren technologischen Fortschritt lenken. Das unvorhergesehene Risiko des Klimawandels, der die Superräuber auf den Plan ruft. Zudem nutzen wir auch immer häufiger unsere Technologie für Außenkommunikation. Es gibt eine gemeinnützige Forschungseinrichtung mit dem Namen METI (»Messaging Extra-Terrestrial Intelligence«, also »Botschaften an eine außerirdische Intelligenz«), deren einzige Aufgabe darin besteht, Botschaften ins All zu senden. Es ist dabei nicht abwegig zu fragen, ob wir wirklich »in einen potenziell feindlichen Kosmos ›Huhu‹« rufen sollten, so der US-amerikanische Wissenschaftler David Brin. Auch der Forscher Carl Sagan empfiehlt: »Das jüngste Kind in einem seltsamen und unsicheren Kosmos sollte lange Zeit stillsitzen und zuhören, dabei geduldig vom Universum lernen und Notizen vergleichen, bevor es in einen unbekannten Dschungel, den wir nicht verstehen, hineinruft.« Ergibt Sinn. Die Menschheit ist der Idiot in einem Horrorfilm, der mitten in der Nacht aufsteht, um wegen eines seltsamen Geräuschs auf dem Dachboden nachzuschauen. Absolut selbstmörderisch.

Zwei Verhaltensweisen gibt es, die das Risiko einer Invasion erhöhen. Wir werden zu hochnäsig – oder wir werden zu laut und machen Krawall. Wer zu viel Zeit auf Reddit-Webseiten verbringt, wird schnell in Debatten darüber hineingezogen, ob die Wahl von Donald Trump 2016 die Tatsache belegt, dass die Außerirdischen schon unter uns sind, oder ob die Aliens eingeschritten sind, um zu verhindern, dass die kriegslüsterne Hillary Clinton gewinnt, und deshalb Trump an die Macht kam. Wer jetzt von mir eine Erklärung erwartet, den muss ich enttäuschen.

Wir sollten einen Augenblick innehalten und uns klarmachen, wie ernst einige der klügsten Köpfe der Welt dieses Thema nehmen. Enrico Fermi ist kein Clown, er war entscheidend an der Entwicklung der Atombombe beteiligt und in vielerlei Hinsicht Einstein ebenbürtig, wenn auch nicht so berühmt. Aber natürlich bringt uns allein dies dem Wissen keinen Schritt näher, was bei einer Invasion von Außerirdischen tatsächlich geschehen würde. Realistisch betrachtet müssen wir wohl von der totalen Auslöschung oder einer Versklavung ausgehen. Ich weiß, das ist für einige nun eine schockierende Nachricht: Anders als uns Hollywoodfilme glauben machen wollen, liegt die Wahrscheinlichkeit eines Siegs gegen außerirdische Angreifer bei null Prozent. Keine Lebensform, die das Problem des interstellaren Reisens gelöst hat, wird sich von Atomwaffen beeindruckt zeigen.

Das setzt aber voraus, dass sie sich überhaupt die Mühe machen. Und das ist, wie bereits erwähnt, keine triviale Frage. Warum sich die Mühe machen? Ja, ich weiß, die Menschheit betreibt Zerstörung manches Mal als eine Art Sport, aber wir sind (kriegstechnisch gesehen) im Vergleich zu denen, denen wir uns werden stellen müssen, auch noch im Entwicklungsstadium eines niedlichen Pandabären. Wir denken an unsere Alien-Teenager. Es ist äußerst unwahrscheinlich, dass wir etwas für die Aliens Wertvolles besitzen. Wenn wir das hätten, oder falls wir das haben, werden sie uns vernichten und es an sich nehmen. Doch bis dahin gibt es absolut keinen Grund, sich Sorgen zu machen. Selbst die Klimawandel-Geschichte scheint etwas weit hergeholt. Fossile Brennstoffe sind eine unglaubliche Stümperei. Sie sind nur begrenzt vorhanden, sie sind schmutzig, und sie sind verglichen mit Fusions- oder Fissionsenergie in lächerlichem Maßstab nicht konkurrenzfähig. Wäre ich ein Außerirdischer, der sich das hier ablaufende Chaos anschaut, würde ich mir denken, dass ich noch jede Menge Zeit hätte, bevor die Menschheit zu einer Bedrohung wird. Diese Chaoten kriegen es ja noch nicht einmal gebacken, Fusionskraft zu meistern.

Mein bereits erwähnter Aprilscherz-Bericht kam zu ähnlichen Schlüssen. Demnach dürften New York City und Los Angeles bei einer Invasion in Schwierigkeiten geraten. Es gibt aus Filmen einfach zu viele Hinweise darauf, dass diese beiden Städte die allerersten Ziele der Außerirdischen wären. Die Schweiz wäre natürlich sicher, ganz egal, was passiert. Interstellare Neutralität ist schließlich nur *the next level*!

(SUPER-)VULKANE

DAS RISIKO IN EINEM SATZ: Ein Vulkanausbruch der Stufe 7 oder 8 (Definition eines Supervulkanausbruchs) auf dem Vulkanexplosivitätsindex (VEI) zerstört eine erhebliche Landfläche und führt zu mehreren Jahren oder gar Jahrzehnten »globaler Abkühlung«, wodurch die weltweite Lebensmittelproduktion, die internationalen Versorgungsketten und der globale Frieden in Gefahr geraten.

MUSS ICH MIR SORGEN MACHEN? Die Chancen stehen eins zu sechs, dass es noch in diesem Jahrhundert zu einer Stufe-7-Explosion kommt, und man rechnet mit einer fast einprozentigen Wahrscheinlichkeit, dass sich vor dem Jahr 2100 ein Ausbruch der VEI-Stufe 8 ereignet. Man ahnt, dass wir in Schwierigkeiten stecken, wenn es Menschen gibt, die hoffen, dass die globale Erwärmung (durch den Klimawandel) die globale Abkühlung ausgleicht, die von einer solchen Eruption verursacht wird.

Viele der risikoreichen Ereignisse, die ich in diesem Buch ergründen möchte, sind beispiellos, weil es keine historischen Vorgänger gibt. Hier ist es anders. Das letzte Ereignis dieser Art liegt gerade mal knapp über 200 Jahre zurück: der Ausbruch des Vulkans Tambora im Jahre 1815.

Die meisten von uns dürften schon von der Richterskala gehört haben, mit der man die Stärke von Erdbeben misst. Vulkane haben ein ähnliches Messsystem, den bereits erwähnten Vulkanexplosivitätsindex, was ein deutlich coolerer Name ist als Richterskala. In diesem Buch interessieren wir uns nur für die VEI-Stufe 7 oder höher, auch wenn ein Ausbruch der VEI-Stufe 6 nichts ist, was man auf die leichte Schulter nehmen sollte, doch darauf komme ich gleich zurück. Wie die Richterskala basiert auch der VEI auf einer dekalogarithmisch gestuften Skala – eine elegante Art und Weise zu sagen, dass die Sache jedes Mal, wenn wir auf der Skala um eins nach oben rutschen, um das Zehnfache schlimmer wird als auf der Stufe darunter.

Aber das verrät uns immer noch nicht viel über das Ausmaß der Folgen. Dann vielleicht so: Ein Vulkanausbruch der VEI-Stufe 7 kann die Explosionskraft von bis zu 75 000 Atombomben des Typs »Hiroshima« entwickeln (oder auch etwas glimpflicher ausgehen). Bei einem VEI-Stufe-8-Ereignis wären wir dann bei 750 000 Hiroshima-Bomben. Der Fallout, also die Streuung der Wirkung, beträfe bei solch einer Explosion einen Radius von knapp 100 Kilometern. Es gibt weltweit rund 120 Vulkane, die das Potenzial für ein vergleichbares Ausmaß an Zerstörung haben. Sie konzentrieren sich vor allem in Japan, Indonesien, an der Westküste der Vereinigten Staaten und im Mittelmeerraum. Ein Drittel der Vulkane mit einem VEI-7-Potenzial hat innerhalb seines 100-Kilometer-Radius einen Ballungsraum mit mehr als zwei Millionen Einwohnern. Zu den bedrohten Städten gehören Seattle, Manila, Rom, Teheran und Jakarta. Der Silberstreif am Horizont: Bei zwei Dritteln der Vulkane ist kein solcher Ballungsraum in der Nähe. Aber es gibt einen Vulkan mit VEI-7-Potenzial, in dessen

Umkreis allein schon 36 Millionen Menschen leben. Die Rede ist vom Perbakti-Gagak in Indonesien. Man stelle sich einmal die logistische Komplexität (oder, um ehrlich zu sein, Unmöglichkeit) vor, 36 Millionen Menschen im Notfall zu evakuieren und zu ernähren. Denn hier kommt das nächste Problem: Frühwarnsysteme für Vulkane sind praktisch nicht existent. Wir sind genauso gut in der Lage, Erdbeben vorherzusagen wie Vulkaneruptionen, nämlich so gut wie gar nicht.

Gehen wir zurück zu dem Moment, als zum letzten Mal einer dieser Berge »Boom!« gemacht hat. Im Jahr 1816 erlebte Europa sein »Jahr ohne Sommer«, nachdem im Jahr zuvor der Tambora in Indonesien (damals Niederländisch-Indien) mit einer Intensität von 7 auf dem VEI ausgebrochen war (unser Beispiel vom Anfang dieses Kapitels). Im Zusammenspiel mit einigen weiteren Vulkanausbrüchen in den vorangegangenen Jahren (die allerdings deutlich schwächer waren) dürfte diese Explosion die globale Temperatur um 1 Grad Celsius gesenkt haben, so vermuten Experten, was in Europa die schlimmste Hungersnot des gesamten 19. Jahrhunderts verursachte (kurze Erinnerung an die Kraft des Klimawandels). Und natürlich eine ganze Reihe weiterer politischer, wirtschaftlicher und sozialer Folgen nach sich zog, darunter auch die Menge der in der Malerei verwendeten Farbe Rot.[*]

Manchmal kann uns das Wissen beruhigen, dass etwas Schlimmes bereits geschehen ist. In unserer Welt der großen

---

[*] Laut einer Studie lassen sich in Gemälden von Sonnenuntergängen die atmosphärischen Farbverschiebungen nach großen Vulkanausbrüchen nachweisen, da die Atmosphäre und die Luft einen Rotstich annimmt.

Risiken bedeutet das nämlich zumeist, dass es sich nicht gleich wiederholen wird. Bei den Vulkanen allerdings erwarten wir, dass sich diese Ereignisse mit einer relativ hohen Frequenz erneut ereignen: Die Wahrscheinlichkeit eines ähnlichen Ausbruchs noch in diesem Jahrhundert liegt bei etwa 20 Prozent. Der Ausbruch des Tambora war kein »einmal in zehntausend Jahren«-Ereignis, denn ähnliche Eruptionen von ihm hat es schon im 6. und 14. Jahrhundert gegeben. Die Wahrscheinlichkeit einer Wiederholung steigt womöglich sogar wegen des Zusammenhangs zwischen globaler Erderwärmung und vulkanischer Aktivität, wie er in einigen Studien beschrieben wird.

Es muss nicht eigens betont werden, dass unsere heutige Welt eine vollkommen andere ist als jene vor 200 Jahren. Nehmen wir das Global Positioning System (GPS) als Beispiel, auch wenn einem das vermutlich beim Nachdenken über vulkanische Eruptionen nicht als Erstes in den Kopf gekommen wäre. Ein Vulkanausbruch könnte eine seiner dramatischsten Auswirkungen über die Störung des GPS-Signals entfalten. Denn GPS ist integraler Bestandteil der weltweiten Lieferketten und ebenso integraler Bestandteil der Finanzmärkte. Wir denken bei GPS daran, wie wir zu dem auf unserer Smartphone-App angezeigten Kartenpunkt kommen, aber es stellt auch unsere Uhren. Möchte man finanzielle Transaktionen in Mikrosekunden nachverfolgen, müssen alle Beteiligten dieselbe Uhrzeit haben. GPS sorgt durch die Geolokalisierung unserer Welt auch für die Synchronisierung der Uhren auf atomarer Ebene. Ein Vulkanausbruch könnte diese Systeme um Sekundenlänge auseinanderbringen. Für unsere persönliche Navigation hieße das womöglich nur, dass wir unser Ziel um einige Meter verfehlen. Bei Finanztransaktionen würde das desaströse

Folgen haben, einen Flashcrash, also einen kurzzeitigen Kurssturz an den Börsen, auslösen und unser Finanzsystem lahmlegen.

Aber das wäre natürlich nur die Spitze des Eisbergs. Genau wie bei Immobilien gilt auch hier: Lage, Lage, Lage. Wissenschaftler der Cambridge University schätzen, dass ein VEI-6-Ausbruch in den Vereinigten Staaten einen Rückgang des US-amerikanischen Bruttoinlandsprodukts (BIP) im Folgejahr um 18 Prozent verursachen könnte. Nein, kein Tippfehler, ein VEI-6-Ausbruch, keiner der Stärke 7. Also ein um den Faktor zehn kleineres Ereignis. Genau das war übrigens 2022 in Tonga der Fall, als die dortige Eruption einen gewaltigen Krater in das BIP des Pazifikstaates riss (hah, Krater!). In einer internen Analyse für eine Zentralbank ist mein Thinktank zu dem Schluss gelangt, dass ein Vulkanausbruch der VEI-Stärke 7 einen Rückgang des weltweiten Bruttoinlandsprodukts zur Folge hätte, der dem durch die Covid-19-Pandemie verursachten Rückgang gleichkäme (ein Minus von etwa fünf Prozent).

So furchtbar und gewaltig ein derartiger Ausbruch auch wäre, wir sollten an dieser Stelle kurz innehalten. Es wären vielleicht Millionen (oder sogar Dutzende Millionen) Opfer zu beklagen, wenn zum Beispiel eine Explosion zu spät erkannt werden würde und ein Ballungszentrum zerstörte. Aber die Stufe 7 ist nicht die höchste Stufe des Vulkanexplosivitätsindexes. Bei einem VEI-8-Ereignis betreten wir freilich weitgehend Neuland. Während ein Ausbruch der Stufe 7 das Erdklima für einige Jahre um 0,5 bis 1 Grad Celsius abkühlen würde (vielleicht gar nicht so schlecht angesichts unserer derzeitigen Klimaentwicklung), halten einige Forscherinnen bei Stufe 8 eine durchschnittliche

Abkühlung um 7 bis 19 Grad Celsius für möglich. Diese Vorhersagen sind stark umstritten, doch selbst ein Bruchteil dieser Auswirkungen hätte für die moderne Gesellschaft unvorstellbare Folgen. Ein Temperaturrückgang um 5 Grad Celsius entspräche der letzten Eiszeit; sowohl ganz Kanada als auch Nordeuropa würden mittelfristig unter einer dicken Eisschicht begraben werden. In diesem Fall wäre ein Eingriff in die Natur mithilfe von Geoengineering wahrscheinlich unumgänglich. Und selbst weniger dramatische Effekte wie eine Abkühlung um »nur« 3 bis 5 Grad Celsius hätten die erhebliche Zunahme der Eisfläche auf der Nord- und Südhalbkugel zur Folge und damit gewaltigen Einfluss auf die Ernte- und Landwirtschaftskreisläufe sowie unsere Handelsrouten.

Genauso, wie wir eine Erwärmung um 3 bis 4 Grad Celsius für ein existenzielles Risiko halten, sollten wir auch die globale Abkühlung betrachten. Diese Diskussion betrifft das Verhältnis zwischen menschengemachtem Klimawandel und Vulkanen.

Wie leicht erraten werden kann, sind Vulkane zu einem beliebten Gesprächsthema unter Klimawandelleugnern geworden. Die außerordentliche Erwärmung des Jahres 2023 wurde umgehend dem eben erwähnten Ausbruch des Hunga Tonga-Hunga Ha'apai Anfang 2022 in die Schuhe geschoben, ein VEI-5-Ereignis im Pazifik. Erwärmung? Ja, Erwärmung, denn in diesem speziellen Fall hat die Unterwassereruption eine gewaltige Wasserdampfwolke erzeugt, die den Treibhauseffekt verstärkte. Es genügt zu sagen, dass die meisten Untersuchungen nahelegen, dass diese Eruption nur äußerst geringe Auswirkungen auf die Erderwärmung hatte. Und dennoch dürften Klimawandelskeptikerinnen in den nächsten fünf bis zehn Jahren beim Stichwort globale

Erwärmung mit dem Finger auf diesen Vulkan zeigen. Auf jeden Fall wissen wir, trotz dieses Beispiels, dass Vulkanausbrüche in der Regel zu einer weltweiten Abkühlung führen würden.

Aber natürlich sind Vulkane und der Klimawandel auch insofern miteinander verbunden, als die langfristige Lösung für beide Risiken – sollten die konventionellen Maßnahmen zur Reduzierung der globalen Erwärmung scheitern – das Geoengineering sein dürfte. Und dabei dürfte die Schlüsselfrage sein, in welchem Ausmaß die Auswirkungen über mehrere Jahre oder gar Jahrzehnte zu spüren sein werden. Dabei sollten wir nicht vergessen, dass eine VEI-8-Eruption eine deutlich geringere Wahrscheinlichkeit hat als eine VEI-7-Eruption (unter einem Prozent in diesem Jahrhundert). Wie sonst auch, versuche ich nun, das Kapitel mit einem positiven Ausblick enden zu lassen. Die Wahrscheinlichkeit für eine Eiszeit liegt in diesem Jahrhundert nur bei einem Prozent!

(MASSENVERNICHTUNGS-) WAFFEN

DAS RISIKO IN EINEM SATZ: Massenvernichtungswaffen kommen zum Einsatz und vernichten große Teile der Menschheit.

MUSS ICH MIR SORGEN MACHEN? Ja. Ja. Ja. Sehr viele Sorgen. Unglaublich große Sorgen. Man kann sich kaum genug Sorgen darüber machen.

Wir hatten dieses Kapitel bereits. Oder vielmehr ein halbes Dutzend Variationen davon. Die Atombombe. Cyberkriegführung. Künstliche Intelligenz, Klimawaffen, Krankheiten und so weiter und so fort. »Du«! All diese Dinge lassen sich in der einen oder anderen Form als Massenvernichtungswaffen klassifizieren.

Die Vielfalt dieser Waffen würde jeden Unternehmensbeauftragten für Diversität, Gleichberechtigung und Inklusion beeindrucken. Da wären etwa die traditionellen Waffen, die mit einem lauten Knall explodieren und anschließend durch eine Kombination aus Feuer, Strahlung und Luftverdrängung ganze Städte in Schutt und Asche legen. Atombomben. Oder alternative, von uns ferngesteuerte Waffen (beispielsweise Drohnen mit Bomben). Geoengineering funktioniert leicht anders, folgt aber – wenn es für zerstörerische Zwecke eingesetzt wird – demselben Prinzip. Physische Zerstörung als primäres Mittel der Verwüstung.

Eine andere Variante dieser Waffen wären jene, die die Infrastruktur nicht zerstören, sondern funktionsunfähig machen. Also Cyberkriegführung, Künstliche Intelligenz oder Quantencomputer. Sie gehen subtiler vor, können im Grunde aber eine ebenso große oder sogar noch katastrophalere Auswirkung auf die Gesellschaft haben.

Massenvernichtungswaffen werden meist nicht durch das Ausmaß oder die Art der Zerstörung, sondern durch die Technik, die sie zur Zerstörung nutzen, eingeteilt und definiert. In der Literatur finden sich üblicherweise vier Gruppen: nukleare, biologische, chemische und radiologische Massenvernichtungswaffen. Über die Atombombe (nukleare Massenvernichtungswaffe) haben wir schon gesprochen, weshalb wir in diesem Kapitel nicht näher auf sie eingehen werden. Radiologische Waffen klingen womöglich wie eine Variation der Nuklearwaffen, arbeiten aber doch anders. Nuklearwaffen nutzen Kernspaltung oder -verschmelzung, um Energie freizusetzen. Das erzeugt einen radioaktiven Fallout. Radiologische Waffen hingegen lassen den Energieteil weg und verteilen gleich giftiges radioaktives Material. Einfacher gesagt: Sie funktionieren wie große Röntgenapparate, die unsere DNA beschädigen und uns damit töten.

Diese Waffengruppe ist in der populären Kultur über das Konzept der »dirty bomb« (»schmutzigen Bombe«) bekannt geworden, doch bei den meisten Überlegungen zum theoretischen Einsatz von radiologischen Waffen werden diese mit nuklearen Waffen kombiniert, was auch als »salted bomb« (»gesalzene Bombe«) bezeichnet wird. Der ungarisch-deutsch-amerikanische Physiker Leó Szilárd, eines der großen Genies des 20. Jahrhunderts, Entdecker der nuklearen Kettenreaktion 1933 und wichtiger Wissenschaftler des amerikanischen Projekts zur Entwicklung der Atombombe (»Manhattan-Projekt«), beschrieb 1950 in einem Radiointerview als Erster eine solche Bombe. Wir haben über die Grenzen nuklearer Fusionsbomben (beziehungsweise das Fehlen dieser Grenzen) bereits gesprochen. Eine »salted bomb« könnte radioaktives Material weltweit verteilen, weshalb Szilárd die Ansicht vertrat, gesalzene Bomben seien wahrhafte »Weltuntergangsmaschinen«. Eine 510 Tonnen schwere Bombe, etwa das Gewicht von 85 ausgewachsenen männlichen Elefanten, würde ausreichen, um jeden einzelnen Menschen auf der Erde zu töten.

Szilárd war überzeugt, eine »Kobaltbombe«, bei der Kobalt-60 zum Einsatz käme, wäre für diesen Zweck am geeignetsten – die Ironie der Geschichte wollte es, dass es genau dieses Isotop war, das sein Leben retten sollte, als er zehn Jahre später an Krebs erkrankte. Falls noch jemand an seinem Genie gezweifelt haben sollte: Er wurde durch eine Strahlentherapie geheilt, die er selbst entworfen hatte.

Dass Atombomben zum Weltuntergang führen, lässt sich nur schwer vorstellen – die Gründe dafür haben wir in dem obigen Kapitel bereits erläutert. Doch die Fähigkeit von »salted bombs«, die Welt für alle zu vergiften, verändert die Lage. Genau aus diesem Grund sind diese Waffen in der Filmwelt und Populärkultur so beliebt. *Dr. Strangelove*, *Star Trek*, Tom Clancy, *James Bond*, *Planet der Affen*, *Marvel*, *DC Comics* …

Sie alle beschreiben »salted bombs«. Und trotz dieser »Beliebtheit« wurde noch nie eine gesalzene Bombe eingesetzt, schließlich ist die globale Auslöschung aus schnell einsichtigen Gründen keine besonders beliebte Form der Kriegführung.

Die dritte Kategorie sind chemische Waffen. Wir kennen sie von Einsätzen in Kriegen überall auf der Welt, sei es vom Schlachtfeld bei Verdun im Ersten Weltkrieg, Napalm in Vietnam oder aus dem Iran-Irak-Krieg. Den wenigsten kommt bei diesem Thema der Holocaust in den Sinn, doch es ist sicherlich nicht falsch, auch ihn als Teil einer chemischen Kriegführung zu bezeichnen. Der Holocaust katapultiert Chemiewaffen ganz schnell auf die obersten Plätze der Rangliste der tödlichsten Waffen der Menschheitsgeschichte.

Im Zweiten Weltkrieg wurden chemische Waffen nicht systematisch eingesetzt, wahrscheinlich als Folge der traumatischen Ereignisse des Ersten Weltkriegs und aus Angst vor gleichartigen Vergeltungsschlägen (offensichtlich hatte dieses Trauma keine Auswirkung auf die Bereitschaft NS-Deutschlands, die Waffe gegen Juden zu verwenden). Zum Glück! Denn Forscher in NS-Deutschland hatten doch zufällig einen wirkungsvollen neuen Kampfstoff namens Tabun entdeckt, der deutlich stärker war als zuvor eingesetzte Gase. Betrachtet man den Zweiten Weltkrieg etwas genauer, entdeckt man eine erschreckend große Anzahl möglicher »Weggabelungen« (drei, die einem sofort einfallen, sind die britische Entscheidung, sich nicht mit den Deutschen zu verbünden, die deutsche Entscheidung, den Molotow-Ribbentrop-Pakt zu brechen, sowie das Scheitern der Deutschen, eine Atombombe zur Einsatzreife zu bringen), und auch wenn sich wohl nichts am Ausgang des Kriegs geändert hätte, so hätte eine Entscheidung Hitlers, Chemiewaffen einzusetzen, doch dramatische Konsequenzen für die europäische Bevölkerung gehabt.

Die vierte Gruppe von Massenvernichtungswaffen bilden biologische Waffen, deren Fähigkeiten wir bereits in den Kapiteln über Killerviren und Laborunfälle angedeutet haben. Wie die Covid-19-Pandemie zeigt, können selbst nicht-militärische Pathogene wie Killerviren operieren. Aus diesem Grund dürfte die Entwicklung von Killerviren, auch wenn sie zweifellos Teil moderner Waffenprogramme sind, nie dieselbe Aufmerksamkeit erlangt haben wie der Aufbau chemischer oder nuklearer Waffenarsenale. Umgekehrt reicht aber die Geschichte biologischer Waffen weit zurück. Wir finden Hinweise auf biologische Waffen in Texten der Hethiter (2. Jahrtausend v. Chr.), bei Homer, Hannibal und später bei den Mongolen, wobei eine Theorie besagt, die Pest sei im Mittelalter vom Mongolischen Reich aus nach Europa gekommen (wahrscheinlich unabsichtlich). Geht es um den modernen Einsatz biologischer Waffen, wird häufig die Verteilung von Bettdecken mit Pockenerregern an Native Americans in den 1760er Jahren erwähnt, wobei unklar ist, wie häufig und schädlich diese Praxis war.

Liest und schreibt man über diese Waffen, wird auffällig, wie »vergessen« sie sind. Beispiele für ihren Einsatz gibt es in manchen Fällen nur in Strategiespielen (radiologische Waffen), oder sie sind ein halbes Jahrhundert her (chemische Waffen im Iran-Irak-Krieg).[*] Der Einsatz nuklearer und

---

[*] Streng genommen hat Syrien im Jahr 2013 Chemiewaffen gegen die eigene Bevölkerung eingesetzt, was erst rund zehn Jahre her ist, doch ist dies ein vereinzeltes Beispiel, und der Einsatz dauerte auch nicht allzu lange, da Syrien nach Drohungen der Vereinigten Staaten sein Arsenal an chemischen Waffen rasch aufgab.

biologischer Waffen endete vermutlich mit dem Zweiten Weltkrieg. In den letzten Jahren sind sie aus den Schlagzeilen verschwunden, doch wer alt genug ist, um sich an den Iran-Irak-Krieg und dessen Nachwirkungen zu erinnern, wird noch wissen, dass Massenvernichtungswaffen ein wichtiger Teil der Diskussionen waren und dass Zeitungen von WMDs schreiben konnten, ohne näher erklären zu müssen, dass sie von »weapons of mass destruction« sprachen. Es kann daher kaum überraschen, dass im Mai 2004 »weapons of mass destruction« bei den Google Trends ganz oben standen. Überraschend hingegen ist, dass das Interesse in den folgenden 15 Jahren zu 99 Prozent zurückging. Glaubt man Google, ist das Problem der Massenvernichtungswaffen gelöst.

Die Frage, warum dem so ist, lässt sich nicht leicht beantworten. Warum sprechen wir nicht mehr so häufig über Massenvernichtungswaffen wie noch vor 20 Jahren? Eine Erklärung könnte schlicht linguistischer Natur sein. »Massenvernichtungswaffen« war damals ein beliebtes Schlagwort, weil man davon ausging, dass Saddam Hussein »über alles« verfügte. Heute sind wir da nuancierter. Und schließlich lebt die Angst vor einem Einsatz von nuklearen Waffen nach Russlands Invasion in die Ukraine wieder auf. Ein anderer Grund mag eines der Probleme sein, die ein Kapitel mit diesem Titel in einem Buch dieser Art überhaupt erst mit sich bringt. Wie sinnvoll ist die Bezeichnung »Massenvernichtungswaffen« noch, wenn ununterbrochen neue Risiken und neue Waffen auftauchen? In der Liebe ist alles erlaubt, im Krieg nicht. Aber alles im Krieg – Atome, Quanten, Pathogene und gesalzene Bomben – kann auf immer und ewig zerstören …

X-FAKTOR

DAS RISIKO IN EINEM SATZ: Etwas Unbekanntes wird uns zerstören.

MUSS ICH MIR SORGEN MACHEN? Das ist nicht bekannt.

Diesem Buch soll es gelingen, von A bis Z 26 zivilisatorische Risiken ausfindig zu machen, von denen einige definitiv real, andere womöglich real sind und wiederum andere durchaus als echte Probleme gelten dürfen, die aber fälschlicherweise zu existenziellen oder zivilisatorisch bedrohlichen Risiken aufgewertet wurden. Und dennoch wären vermutlich Stimmen laut geworden, ich hätte »ein Risiko übergangen«, hätte ich nicht ein Kapitel über Dinge angefügt, die man »erfundene Zivilisationsrisiken« nennen könnte (und ohne spoilern zu wollen: das nun folgende Kapitel wird genau so eines). Trotz der vielen behandelten Risiken habe ich sicherlich auch einige Gefahren übersehen, andere womöglich sogar sträflich ausgelassen, weil der entsprechende Anfangsbuchstabe schon belegt war. Nun, wie dem auch sei, wir müssen anerkennen, dass wir noch nicht von allen Risiken wissen, denen unsere Zivilisation gegenübersteht. Daher ist dieses Kapitel dem Unbekannten gewidmet, dem »X-Faktor«. Das reicht vielleicht auch fürs Erste. Ich persönlich finde, wir könnten ruhig auch ein paar weniger haben. Aber dennoch ist klar, dass es unbekannte Risiken gibt.[*]

Wie man sich unschwer vorstellen kann, ist es ein kompliziertes Unterfangen, ein Kapitel über ein unbekanntes Risiko zu schreiben. Was wissen wir nicht? Entdecken wir möglicherweise eine gigantische Unterwasserzivilisation wie in *Black Panther: Wakanda Forever*, die wütend auf uns wird und die Menschheit vernichtet? (Das wäre eine andere Geschichte als das Ufo-Kapitel, da unsere Gegner in diesem Falle bereits auf der Erde sind. Wir wollen ja nicht plötzlich Äpfel mit Birnen verwechseln.) Gibt es einen roten »Selbstzerstörungsknopf«, von dem wir nichts ahnen, den wir aber versehentlich eines Tages drücken? Kurz gesagt: Niemand kennt das Unbekannte, genau das ist der Clou.

Aber natürlich gibt es Wege, sich unbekannten zukünftigen Risiken anzunähern und vielleicht zu überlegen, wie sie Realität werden könnten. Dies ist auch eine Einladung, darüber nachzudenken, wohin unsere Geschichte führen könnte.

Die erste Anlaufstelle wären selbstverständlich Technologien, die wir noch nicht erfunden haben, die aber unsere Existenz bedrohen könnten. Obgleich es unterschiedliche Ebenen des technologischen Risikos gibt, ist ihnen doch

---

[*] Aufmerksame Leserinnen dürften bemerkt haben, dass das folgende Kapitel dem Y-Chromosom gewidmet ist, und sich daher fragen, warum ich nicht das X-Chromosom zum Risiko für den Buchstaben X gemacht habe. Nun, ganz einfach, weil sich herausgestellt hat, dass das X-Chromosom im Grunde fehlerlos ist und diese Perfektion es unbrauchbar macht für das Konzept meines Buches. Das ist kein feministisches Argument (denn schließlich haben auch Männer das X-Chromosom), sondern schlicht eine Tatsache.

allen das Prinzip gemeinsam, dass in irgendeiner Form Energie für böse Zwecke genutzt wird. Sei es nun eine Künstliche Superintelligenz oder unsere eigene Super- dummheit, der Mechanismus ist stets derselbe, es kommt nur eine andere Massenvernichtungswaffe dabei heraus. Es ließe sich natürlich darüber spekulieren, welche Form diese Technologien am Ende annehmen werden, und natürlich hat jede Technologie ihre eigenen Tücken, doch ganz allge- mein darf man wohl davon ausgehen, dass sie bereits be- stehende weiterentwickeln werden.

Aus meiner Perspektive haben die faszinierendsten »unbe- kannten« Zivilisationsrisiken mit der menschlichen Bezie- hung zur Unendlichkeit zu tun. Das mag auf den ersten Blick der Intuition widersprechen, ist das Postulat der Un- endlichkeit – zumindest für uns Menschen – ja exakt das Gegenteil von Risiken, die ein Ende der Zivilisation bedeu- ten können. Doch in meinen Augen scheint die Unendlich- keit genau das Konzept zu sein, das wir am wenigsten verste- hen und das große Auswirkungen auf unser Verständnis von Risiken mit sich bringt. Nur damit wir uns nicht miss- verstehen: Was jetzt folgt, wird ein wenig abgedreht. Wer kein Interesse daran hat, andere Sphären zu betreten, kann den Rest dieses Kapitels gern überspringen.

Der erste Weg, sich die Unendlichkeit vorzustellen, wäre das Multiversum, ein überraschend populäres Konzept, wenn es um die Erklärung einiger Eigenschaften der Quan- tenphysik geht. Und eine in der Popkultur fest verankerte Idee, auch dank des *Marvel*-Franchise. Es gibt sicher ein Dut- zend *Marvel*-Filme, die erklären, warum ein Multiversum ein unbekanntes Zivilisationsrisiko ist, wobei alle Filme im Grunde Variationen der einen Idee sind, dass es nämlich unendlich viele parallele Universen gibt und die Zeitschiene der Ereignisse furchtbar durcheinandergerät, sobald jemand die Fähigkeit hat, ein Portal zwischen diesen Universen zu öffnen. Vielleicht kickt jemand aus Versehen einen Stein aus einem anderen Universum herüber und tötet so den ersten Einzeller, woraufhin die Hoffnung der Erde auf Leben plötzlich erlischt. Oder jemand betritt morgen unser Universum und stört dabei irgendeine Kraft, die unser Überleben sichert. Vielleicht sind diese Wesen aus dem anderen Universum auch schon längst unter uns? (Wie oben erwähnt, gibt es einen Unterschied zwischen einer außerirdischen Invasion, wie sie im Ufo-Kapitel beschrieben wird, und der Präsenz von Leben aus anderen Teilen des Multiversums, das streng genommen auch von der Erde stammen könnte, nur eben aus einer anderen Dimension. Wir wollen ja nicht unpräzise werden auf den letzten Metern.)

Eine zweite Möglichkeit, über die Unendlichkeit nachzudenken, wird am besten von einer Gruppe Philosophen und Quantenphysikerinnen zusammengefasst, die überzeugt ist, dass die seltsamen Eigenschaften von Materie und Energie auf Quantenebene nur die Erklärung zulassen, dass Bewusstsein der Materie vorausgeht und es, zu Ende gedacht, ein globales, universales Bewusstsein gibt. Das klingt verrückt? Nun, ziemlich fest steht aber auch, dass die Rätsel rund um Schrödingers Katze sich nur dann lösen lassen, wenn die Kiste geöffnet wird, mit anderen Worten, wenn das Bewusstsein eingreift. Ich behaupte nicht, dass dieses Denken schon wissenschaftlicher Mainstream ist. Aber die Quantenphysik ist irre, und es gibt einige ziemlich fesselnde Aspekte, die man mit der Idee eines globalen Bewusstseins erklären kann.

Nehmen wir den Begriff der »Quantenverschränkung«,

der schon im Kapitel zum Quantencomputer vorkam und, vereinfacht gesagt, die Idee beschreibt, dass Materieteilchen miteinander verbunden sind und schneller als mit Lichtgeschwindigkeit untereinander »kommunizieren«, sofern sie sich in einem bestimmten Zustand der »Verschränkung« befinden. Hinter dieser Idee steckt eine Menge Romantik. Zwei Atome sind miteinander »verschränkt«, sie bilden einen Bund, wie Liebende. Doch im Gegensatz zu unseren Fernbeziehungen bleibt ihre Bindung bestehen, ganz egal, wie weit man sie voneinander entfernt. Die Quantentheorie besagt, dass wir durch eine Messung die Geschwindigkeit oder die Position eines Quantenteilchens ermitteln können, aber niemals beide zur gleichen Zeit. Eine Möglichkeit, dieses Problem zu lösen, wäre, zwei Teilchen aufeinanderprallen zu lassen und dann durch das Einfangen des einen die Eigenschaften des anderen zu erkennen. Was aber nur als Behelfslösung durchgeht.

Doch verschränkte Teilchen sind klüger, denn sobald eines eingefangen wird, weiß das andere augenblicklich Bescheid. Diese Informationsübertragung verläuft jedenfalls schneller als mit Lichtgeschwindigkeit. Ich muss hier betonen, dass die »Quantenverschränkung« streng genommen nicht das Prinzip verletzt, wonach Informationen nicht schneller als mit Lichtgeschwindigkeit reisen können, doch irgendwas kommuniziert hier doch irgendwie. Wer den heutigen Physikern zuhört, möchte sie mit den Minnesängern des Mittelalters vergleichen, Schiller und Heine würden angesichts der Poesie und Romantik der Quantenverschränkung vor Neid erblassen.

Wie genau diese Kommunikation funktioniert, wissen wir schlicht nicht. Aber die Quantenverschränkung bildete die

Grundlage für das Teleportationsexperiment, das zum ersten Mal in den Niederlanden erfolgreich durchgeführt wurde. Eine aktualisierte Neuauflage dieses Buches im Jahr 2040 wird dann (falls wir bis dahin noch leben) womöglich Teleportation als eines der großen Risiken für die Menschheit aufführen – wie erwähnt setze ich beträchtliche Hoffnungen darin, dass Quantencomputer uns dazu befähigen werden.

Obwohl wir langsam die der Quantenverschränkung zugrundeliegende Physik zu entwirren beginnen, sind wir noch weit davon entfernt, die Philosophie der Quantenwelt wirklich zu verstehen.

Bewusstseinstheoretiker schlussfolgern aus dem eben Geschilderten, dass das Bewusstsein der Materie vorausgehen muss. Für all jene, die diesen Gedanken nicht nachvollziehen mögen, klingt das nach einer sehr ausgetüftelten Art und Weise, von Gott zu sprechen. Schließlich war am Anfang nicht die Materie, sondern das Licht (und Licht ist, wie wir schon im ersten Kapitel angedeutet haben, Energie, keine Materie!). Oder nehmen wir den Buddhismus, in dessen Lehre es keinen Anfang gibt, sondern eine Art universell verbundene Schöpfungsgeschichte (ein Multiversum, wenn man so will). So mancher islamische Theologe neigt zu ähnlichen Überzeugungen, je nach Koran-Lesart. Wie dem auch sei, falls Bewusstsein der Materie vorausgeht, dann ist Bewusstsein eine Kraft, und wo Kraft ist, ist auch Macht und Stärke, und wo Macht ist, besteht ein Risiko. Welches Risiko? Nun ja, wenn ich es wüsste, müsste ich nicht X für Unbekannt schreiben …

Der dritte Aspekt der Unendlichkeit – und hier verknüp-

fen sich die ersten beiden Aspekte in einer Art Theoriever-
schränkung – ist die Idee, dass wir das Konzept von Größe
gar nicht verstehen können. Auch hier sind *Marvel*-Filme
überraschend hilfreich bei der Beschreibung eines »Quantum Realm« oder des Microverse, in das Ant-Man hinein-
schlüpfen kann (für alle weniger *Marvel*-Versierte: Ant-Man
ist ein Mann, der schrumpfen kann, bis seine Körpergröße
deutlich unter der einer Ameise [Ant] liegt – etwas be-
knackter Name, aber ok!). Oder man denke an die Schluss-
szene des Films *Men in Black*, in der ein übergroßer Alien
unser gesamtes Universum wie eine Murmel packt und zu
Dutzenden anderen in einen Beutel wirft. Diese Idee ist natürlich eine Variation des Multiversum-Prinzips, allerdings
noch einen Zacken dramatischer, da es zahllose Universen
gibt, nur sind sie alle nichts als Murmeln im Beutel eines
Aliens, der wiederum selbst in seinem eigenen Uni-/Multi-
versum lebt. Und der uns jederzeit versehentlich fallen lassen kann, woraufhin wir in unzählige Stückchen zerbrechen.

Über die Unendlichkeit nachzudenken, löst etwas Seltsames
im Gehirn aus. Auf der einen Seite gibt es nur weniges, bei
dem man sich so unbedeutend fühlt, wie beim Nachdenken
über die Größe des Universums. Und dann gibt es auf der
anderen Seite die umgekehrte Übung, wenn man über das
nachdenkt, was nach dem Kleinen kommt, nach dem Reich
der Quanten. Doch die Theoretikerinnen des Bewusstseins
erklären uns, dass wir alle teilhaben an einem globalen Bewusstsein. Es fällt in diesem Zusammenhang leicht, die
Macht von Religionen zu verstehen, die Vorstellungen von
Bewusstsein in Dogmen und Erzählungen gießen. Das verleiht uns einen Sinn. Das schafft Bedeutung.

Wir können die Unendlichkeit nicht erfassen, wir können Raum oder Zeit nicht erfassen. Und folglich können wir auch nicht die Risiken erfassen, die uns dort erwarten. Natürlich kann man auch noch auf andere Weise über das Unbekannte nachdenken, um die Grenzen zu verschieben. Doch dieses Buch hat mit den wilden Gedankenspielen über die Unendlichkeit nun seine Schuldigkeit getan, und es wird Zeit, zu unserer profanen Alltagsexistenz und einer ihrer fehlerhaftesten Schöpfungen zurückzukehren: dem Y-Chromosom.

Y-CHROMOSOM

DAS RISIKO IN EINEM SATZ: Das für die Produktion des
männlichen Spermas und damit die menschliche Fortpflan-
zung verantwortliche Chromosom ist im Verfall begriffen
und dürfte in den nächsten rund elf Millionen Jahren kom-
plett verschwinden – ein Prozess, der bei einigen Tierarten
bereits zu beobachten war.

MUSS ICH MIR SORGEN MACHEN? Auch wenn sich das
Y-Chromosom noch zur Wehr setzt, der Untergang wird
wahrscheinlich unvermeidlich sein (wobei die tatsächliche
Leistung des Y-Chromosoms schon in der Zwischenzeit
möglicherweise einiges zu wünschen übriglässt, siehe »B –
Bevölkerungskollaps«). Wir wissen deshalb so genau, dass
das bereits bei einigen Tierarten geschehen ist, weil sie noch
da sind und wir sie untersuchen können, was wiederum na-
helegt: nein, keine Sorgen machen. Zudem sind elf Millionen Jahre ja noch eine Weile hin, und bis dahin werden wir
uns wohl einen Plan zurechtlegen können. Auf einer abs-
trakteren Ebene bedeutet diese Dynamik aber immer noch,
dass damit das Ende des Homo sapiens besiegelt ist und der
Aufstieg einer anderen Menschenart begonnen hat.

Wohl kein Ausdruck ist derart eng mit dem Konzept der Evolution verknüpft wie »Survival of the Fittest«. Das ist schon seltsam, denn Charles Darwin, den wir hier einmal den »Erfinder der Evolution« nennen wollen, auch wenn er wohl eher zusammen mit Alfred Russel Wallace als Ko-Erfinder gelten sollte, hat diesen Ausdruck ursprünglich gar nicht verwendet, um die Evolution zu beschreiben. Darwin hielt sich an die Idee der »natürlichen Selektion«. Der Ausdruck »Überleben der Bestangepassten« stammt in Wirklichkeit vom englischen Philosophen Herbert Spencer, der schon im 19. Jahrhundert Darwins (und de facto Wallaces) Evolutionstheorie auf soziale Beziehungen anwandte.

Dieser Begriff ist mit so vielen Problemen beladen, dass die meisten Mainstream-Biologen und -Evolutionstheoretikerinnen ihn gar nicht mehr verwenden, obgleich Darwin ihn ab der 5. Auflage seines Werks *Die Entstehung der Arten* doch noch einführte. Die meisten Leser dürften sich des problematischen sozialdarwinistischen Werdegangs der Phrase bewusst sein, mit der im 19. und 20. Jahrhundert eine ganze Reihe von Gräueltaten gerechtfertigt wurde. Doch sogar im eng begrenzten Gebiet der Evolutionstheorie ist sie eine Fehlbezeichnung, geht es ihr doch nicht um das Überleben irgendeines Individuums. Sie basiert auf der Fähigkeit zur Reproduktion oder, in einem noch engeren Sinne und den Worten des US-amerikanischen Computerwissenschaftlers Eliezer Yudkowsky, auf dem »Wettbewerb der Allele um die Häufigkeit im Genpool« (geht nicht ganz so leicht von der Zunge wie »Graue Schmiere«, aber was soll's).

Genau aus diesem Grund existiert das Konzept der »Evolution zum Aussterben«, das jene Dynamiken zu verstehen sucht, die für Arten schädlich sind, aber gut für die Allelen.

Gibt es evolutionäre Dynamiken, die den Arten schaden, den Allelen aber nützen? Die Literatur zu diesem Thema geht über das hinaus, was wir hier verhandeln können, aber wer Interesse daran hat, sollte Yudkowskys Interpretation des Frodo-Gens lesen (ja, genau der Frodo aus *Herr der Ringe*). In diesem Sinne könnte ein alternativer Titel für dieses kleine Buch auch lauten: »Mechanismen, durch die die Frequenz von menschlichen Allelen im universellen Genpool abnimmt«. Noch mal deutlich weniger sexy.

Warum ich das thematisiere? Weil die Evolution nicht dein Freund ist, sie ist nicht der Freund unserer Spezies, ihr geht es nur um die Reproduktion der Allele, nicht um die *menschliche Reproduktion*. Was uns zum Y-Chromosom führt. Denn die Evolution ist schon einmal gar kein Freund des Y-Chromosoms. Die Schätzungen, wie viel Zeit dem Y-Chromosom noch bleibt, unterscheiden sich, liegen aber meist irgendwo zwischen fünf und elf Millionen Jahren. Einige Pessimisten glauben, dass es sich womöglich bereits in einigen 100 000 Jahren von uns verabschiedet.

Der Grund, weshalb es dieser evolutionäre Antagonismus in dieses Buch geschafft hat, ist, dass wir Sperma brauchen, und für Sperma brauchen wir biologische Männer, und für biologische Männer brauchen wir das Y-Chromosom. Um die australische Forscherin Jennifer Graves zu zitieren: »Das Ende des Y-Chromosoms könnte die Auslöschung der Menschheit einläuten.« Da haben wir es ja, das ist genau der Stoff, aus dem dieses Buch gemacht ist.

Treten wir noch einmal einen Schritt zurück. Zur Erinnerung: Die Aufgabe des Y-Chromosoms ist es, jenen Prozess in der Gebärmutter auszulösen, durch den sich ein Embryo in einen biologischen Mann mit Hoden entwickelt. Diesen

Prozess kennen wir nicht nur vom Menschen, sondern auch von anderen Säugetieren. Allerdings hat dieses Chromosom einen fatalen Fehler. Es ist ein Einzelgänger. Biologische Frauen haben XX-Chromosomen, sodass, falls etwas kaputt geht, sie das mit ihrem Partnerchromosom ausgleichen können. Das Y-Chromosom hat diesen Luxus nicht. Falls es kaputt ist, ist es wirklich kaputt. Und es ist schon eine ganze Weile kaputt. Während das X-Chromosom rund 900 Gene besitzt, verfügt das Y-Chromosom nur noch über etwa 55 Gene sowie eine Reihe von »Abfall-DNA«, wie Wissenschaftler sie liebevoll nennen. Das Äquivalent zu den Partygästen, die nichts zu trinken mitbringen und den ganzen Abend auf der Couch sitzen.

Die Unfähigkeit, sich selbst zu reparieren, führt zum langsamen Verschwinden des Y-Chromosoms. Historisch gesehen reduziert sich der Satz um rund fünf Gene pro eine Million Jahre, was uns zu den anfangs erwähnten verbleibenden elf Millionen Jahren bis zum vollständigen Verschwinden führt.

Diese Verfallsgeschwindigkeit ist jedoch umstritten. Einige Genetiker wie Bryan Sykes konzentrieren sich auf die Rolle des Y-Chromosoms bei der Fruchtbarkeit und erforschen die genetischen Mutationen (die er bei zwei Prozent festmacht). Sykes sagt einen dramatischen Rückgang der Fruchtbarkeit in den nächsten rund 100 000 Jahren voraus. Die »fünf Gene pro eine Million Jahre«-Annahme basiert in der Regel auf der Vermutung, dass das Y-Chromosom zum ersten Mal vor rund 300 Millionen Jahren auftauchte (natürlich damals noch nicht beim Menschen) und in dieser Zeit 1393 der ursprünglich 1438 Gene verlorengegangen sind. Andere Forschungen sprechen jedoch von einem Alter von nur rund 160 Millionen Jahren, was den Verfall fast doppelt so schnell ablaufen ließe. Zwar erreichen wir damit nicht das Ausmaß, von dem wir beim Bevölkerungskollaps sprachen, aber die Zerstörungskraft ist hier doch endgültiger.

Dieses Kapitel ist unverkennbar und untrennbar mit der Diskussion über den Bevölkerungskollaps verbunden, die wir schon früher in diesem Buch geführt haben. Während das Y-Chromosom eher langfristig zum Problem werden könnte, kümmern sich immer mehr Forscherinnen um den Rückgang des Testosterons, das im Hoden produziert wird und für dessen Entwicklung das geschlechtsbezogene Gen auf dem Y-Chromosom verantwortlich ist. Auch wenn das Y-Chromosom in den nächsten paar 100 000 Jahren nicht verschwinden wird, so kann der Kollaps des Testosterons sich doch deutlich früher auswirken. Dass dieser Diskurs fester Bestandteil der allgemeineren Panik über Männer und ihre Rolle in der Gesellschaft ist, während »mann« sich in der Online-Welt über den Rückgang der Männlichkeit echauffiert, dürfte nicht überraschen. Obwohl wir glücklicherweise der Behauptung widersprechen können, dass Männer kurz vor dem Verschwinden stehen, ist es unübersehbar, dass das Y-Chromosom wenig mit dieser Diskussion zu tun hat. Einer der führenden US-amerikanischen »Weisen«, die den Angriff im Namen des Mannes führen, Matt Walsh, hat eine ganze Show (beziehungsweise einen 20-minütigen Monolog) mit dem Titel »How Porn is Neutering a Generation of Men« (»Wie Pornos eine ganze Männergeneration kastrieren«). Wer weiß, vielleicht muss ich für mein Buch in ein paar Jahren den Buchstaben P für »Pornos« reservieren?

Andere sehen die Lage für Männer und deren Zukunft in

rosigeren Farben. Und wahrscheinlich aus guten Gründen. Zum einen scheint es doch einen Mechanismus zu geben, durch den sich das Y-Chromosom selbst reparieren kann. Um es ganz kurz zu machen: Einige Gene haben Partner auf demselben Chromosom, die sie zur Eigenreparatur nutzen können, falls kein Geschwisterchromosom in der Nähe ist, um auszuhelfen (diesen Vorgang nennt man Genkonversion). Aus diesem Grund sind einige Wissenschaftler der Ansicht, die genetische Verfallsgeschwindigkeit verlangsame sich eher.

Ein zweiter Grund für mehr Optimismus ist die Tatsache, dass wir aus dem Tierreich wissen, dass Arten überleben können, selbst nachdem das Y-Chromosom verschwunden ist. Forschungen an einer japanischen Stachelratte legen nahe, dass die für die Ausbildung des Hodens verantwortlichen Gene einfach auf ein anderes Chromosom gewandert sind. Und Problem gelöst! Natürlich könnten wir uns auch in eine Spezies mit ausschließlich weiblichen Exemplaren verwandeln – und ich denke, man könnte diese Entwicklung sogar als Fortschritt bezeichnen, der einige der hier beschriebenen Risiken reduzieren würde. Diese Dynamik ist jedoch eher weit hergeholt. Auch wenn es rein weibliche Spezies in der Natur gibt, existieren sie nicht in der Welt der Säugetiere. Und angesichts unserer technologischen Fähigkeiten käme es einem auch ziemlich absurd vor, sollten wir es in den kommenden 1000 Jahren nicht schaffen, eine technologische Lösung für dieses Problem zu finden.

Das klingt also alles beruhigend. Kein Grund für schlaflose Nächte. Allerdings darf der Hinweis nicht fehlen, dass diese Evolution die Menschen verändern wird. Was uns zur Diskussion über das »Survival of the Fittest« vom Anfang des Kapitels zurückführt. Schließlich bleibt das große Geheimnis, warum die Evolution nicht das Rettungsboot ist, das uns von Anfang an vor diesem Schlamassel bewahrt. Liegt hier ein evolutionärer Fehler vor? Ist die Evolution etwa eine radikale Feministin mit langem Atem?

Würde die Evolution ein System erschaffen, durch das eine Kreatur ohne Konkurrenz von außen (zum Beispiel Ufos, eine Künstliche Superintelligenz) oder ohne Umwelteinflüsse (etwa einen Klimawandel) zum Aussterben verdammt ist?

Ja, das würde sie. Und zwar, da die Evolution sich nicht um Spezies kümmert, sondern um die Reproduktion von genetischem Material. Das Überleben einer einzelnen Spezies ist kein Teil der Optimierungsfunktion. Das bedeutet nicht, dass wir uns keine evolutionären Fehlentwicklungen im Allgemeinen vorstellen können. Und damit sind wir beim letzten Risiko in diesem Buch angekommen: Zombies.

ZOMBIES

DAS RISIKO IN EINEM SATZ: Eine Droge oder Mikrobe oder irgendeine Technologie kontrolliert unsere Hirnchemie, missbraucht sie für ruchlose Zwecke und verwandelt Menschen in seelen- und willenlos umherwandelnde Wesen, kurz: Zombies.

MUSS ICH MIR SORGEN MACHEN? Zum letzten Mal in diesem Buch: ja!

//

Zombies sind überall. Nicht unter uns Menschen, natürlich nicht, aber überall sonst in der Natur. Da gibt es die selbstmörderischen Grillen, deren Gehirne von parasitären Pferdehaarwürmern kontrolliert werden, und zwar indem die in das Wirtstier eingedrungenen Larven die Hirnchemie der Grillen beeinflussen. Die Insekten werden plötzlich von reflektierenden Oberflächen angezogen und stürzen sich ins Wasser, obwohl sie gar nicht schwimmen können (erstaunlicherweise überleben dennoch einige die Tortur). Pferdehaarwürmer tun das, damit ihre Larven ins Wasser gelangen, wo sie sich weiterentwickeln.

Oder das Weibchen der in Costa Rica heimischen Schlupfwespe *Hymenoepimecis argyraphaga*, das seine Larven in einer ahnungslosen Spinne ablegt, die daraufhin ein ganz anderes Netz spinnt – wirkungslos, um damit Fliegen zu fangen, aber doch perfekt dafür geeignet, dass sich die Wespenlarve daraus einen Kokon bauen kann, nachdem sie ihren Wirt getötet hat. Andere Wespen nutzen Kakerlaken als Transportmittel und kontrollieren die Gedanken der Kakerlake, damit sie genau so lange am Leben bleibt, bis der Nachwuchs aus den in ihr reifenden Eiern geschlüpft ist (nuklearen Winter überleben sie, aber das nicht!). Man sollte denken, schlimmer kann es nicht mehr werden, doch dann habe ich von den Seepocken gelesen, die die von ihnen besiedelten Wirtskrabben kastrieren und damit deren Willen so steuern, dass es diesen während des Rests ihrer Existenz nur noch um die Ernährung ihres »Zombie-Meisters« geht (wenn man so will, sind die Krabben in diesem Zustand weder richtig lebendig noch richtig tot).

Nur wenige Zombie-Meister sind jedoch so raffiniert wie der kalifornische Saugwurm. Der sucht sich eine Wasserschnecke als ersten Wirt, in dem Larven heranreifen, die dann von einem Killifisch gefressen werden wollen. Die Larven manipulieren anschließend den Killifisch durch Gedankenkontrolle derart, dass er die Aufmerksamkeit auf sich lenkt und von einem Vogel gefressen werden kann, in dem sich der Saugwurm dann vollständig ausbildet. War das bis hierhin erfolgreich, kehrt er durch die Ausscheidungen des Vogels zurück ins Meer. Ob Johann Gottfried Herder an den kalifornischen Saugwurm dachte, als er schrieb, dass alles in der Natur verbunden sei? »Ein Zustand strebt zum anderen und bereitet ihn vor.« So romantisch …

Kultivierte Leser werden das Problem an dieser Stelle bereits erkannt haben. Wenn das Zombie-Phänomen in der Natur vorkommt, kann es auch uns Menschen betreffen. Und voilà, das letzte Risiko dieses Buches: Zombies! Aber wir sind natürlich alle viel zu kultiviert, um nun an das durch die Popkultur weitverbreitete Bild eines Zombies zu denken, der mit ausgestreckten Armen langsam durch seine untote Existenz schwankt und nach Gehirnen sucht, die er aussaugen kann. Dabei scheint diese Vorstellung inzwischen veraltet zu sein, vor allem wenn man der jüngeren Zombie-Literatur Glauben schenken darf, die immer mehr in Richtung »schnelle Zombies« umschwenkt. (Das ist ein offensichtlicher Widerspruch zum ersten Gesetz der Thermodynamik, was auch schon die Zombiepedia-Webseite im Artikel »Fast vs. slow zombies« erkannt hat, dessen Lektüre ich unbedingt empfehle ... Und bevor jetzt das Buch zugunsten von Zombiepedia weggelegt wird, möchte ich noch dazu raten, sich von allen Webseiten zum Thema »Auch Zombies sind doch nur Menschen« fernzuhalten. Wo soll das mit den linksradikalen woken Sensibelchen noch hinführen, wenn jetzt sogar Zombies Menschenrechte zuerkannt bekommen?)

Ein Grund, weshalb wir uns hier nicht länger mit diesen unkultivierten Zombie-Konzepten aufhalten, ist, dass Zombies keine glaubwürdige Bedrohung darstellen. Langsame Zombies sind einfach nicht gefährlich. Das Genre konnte mich schon als Kind wegen des offensichtlichen Widerspruchs nicht überzeugen, dass Gefahr von etwas drohen soll, was sich nicht schneller bewegen kann als die Durchschnittsbewohnerin eines Seniorenheims.

Dieses Buch kümmert sich um Risiken, also interessieren wir uns für die gefährlichen Zombies. Und die Wissenschaft hält viele Beispiel aus der Natur für uns parat. Einige haben wir schon genannt, wir könnten ganze Bände mit weiteren füllen. Grundsätzlich geht es dabei um ein natürliches Phänomen, bei dem ein fremder Organismus die Hirnchemie seines Wirts ganz oder teilweise unter Kontrolle bekommt. Dabei muss der Wirt nicht tot oder untot sein, er ist einfach nur nicht mehr Herr und Meister. Ein Zombie.

Laut dieser Definition weisen Menschen bereits einige Charakteristika von Zombies auf. Mikroben in unserem Darm manipulieren unsere Neurochemie, damit unsere Lebensmittelwahl und sogar unsere Stimmung. Viren sorgen dafür, dass wir schnarchen, damit sie sich leichter zu anderen Wirten ausbreiten können. Schnarchen macht uns jetzt nicht gleich zu Zombies. Wir kommen aber voran: Eben haben wir uns kategorisch von Zombies auf schrulligen Webseiten distanziert, jetzt finden wir nur noch graduelle Unterschiede.

Übrigens kennen wir zumindest ein Beispiel für einen untoten menschlichen Zombie, den Haitianer Clairvius Narcisse. Er tauchte 1980 im Städtchen L'Estère auf, 18 Jahre nachdem er beerdigt worden war, und stellte sich Angelina Narcisse als ihr Bruder vor. Wie der in Harvard ausgebildete Botaniker Wade Davis später erläuterte, war Clairvius nicht der einzige »Zombie«-Fall auf Haiti. Vielmehr geht man davon aus, dass die gesamte Zombie-Mythologie ihren Ursprung in der haitianischen Voodoo-Kultur hat, wobei das Wort selbst von einem afrobrasilianischen Freiheitskämpfer namens Zumbi stammen soll. Clairvius' Fall war jedoch insofern außergewöhnlich, als sein Tod amtlich dokumentiert worden war. Also keine Folklore – ein US-amerikanischer Arzt hatte seinen Totenschein unterschrieben, danach war er in einer Kühlkammer aufbewahrt und schließlich begraben worden. Seine Schwester Angelina war bei der Beerdigung gewesen. Es gab niemanden, der den groben Zügen von Clairvius Narcisses Lebensbeschreibung widersprechen konnte. Er »starb« (oder schien nach der Verabreichung von

Drogen tot zu sein), wurde auf dem Friedhof ausgegraben, verbrachte anschließend einige Zeit in einem intoxinierten, halluzinatorischen Zustand als Sklave auf einer Plantage und kehrte zu seiner Erinnerung und seiner Familie zurück, nachdem der Sklavenbesitzer gestorben war und Clairvius nicht mehr unter Drogen gesetzt wurde.

Okay, streng genommen also kein Zombie. Ein betäubtes Opfer räuberischer Gier. Leserinnen von Aldous Huxleys Roman *Schöne neue Welt* dürften die Idee hingegen wiedererkennen. Eine unter Drogen gesetzte Gesellschaft. Wir sind hier schon deutlich tiefer in »das ist ein ernsthaftes Problem«-Territorium eingedrungen, als ich bei der Recherche zu diesem Thema anfänglich dachte. Wir sind womöglich bereits unabsichtlich, unwissentlich mit Parasiten oder Mikroben in Kontakt gekommen, die sich nicht nur mit dem Ruf nach Zucker zufriedengeben, uns zum Schnarchen bringen oder die Freisetzung von Hormonen verursachen. Auch gibt es womöglich noch andere Drogen, die einen todesähnlichen Zustand hervorrufen oder uns für längere Zeit von unserem Bewusstsein trennen als nur die Lektüre der *Vanity Fair*. Es gibt schon eine erschreckende Ähnlichkeit zwischen den taumelnden, durch Drogen zermürbten Gestalten in amerikanischen Innenstädten und den Zombie-Klischees in Horrorfilmen.

Zu einer Zombie-Zukunft könnten zum Beispiel Parasiten gehören, die unser Gehirn und unsere Handlungen wirklich kontrollieren. Sie sind derzeit vielleicht noch in einer Schicht des schmelzenden arktischen Eises verborgen, warten aber nur darauf, freigelassen zu werden. Oder vielleicht sind sie schon in diesem Augenblick Teil eines Nanobots-Matrix-Szenarios, das ohne unser Wissen bereits heute unsere Realität bildet.

Diese Parasiten sind vermutlich eher nicht tödlich, und angesichts unserer gesellschaftlichen Intelligenz würden wir uns vermutlich auch eine Gegenwehr einfallen lassen. Und wären sie tödlich, wäre dies das falsche Kapitel, um über sie zu sprechen (es geht hier ja um untote Menschen, nicht tote Menschen). Dafür sind sie womöglich sinistrer und subtiler in ihrer Manipulation. Bei all dem, was wir nicht wissen, könnten sie bereits auch bestimmen, was uns glücklich macht. Künstliche Intelligenz zum Beispiel wäre womöglich in der Lage, selbst wenn sie nie in unsere Körper eindringt, zombiegleiche Gedankenkontrolle auszuüben.

Damit sind wir bei Drogen beziehungsweise Substanzen angelangt, die uns in so etwas wie Hypnose versetzen. So, wie es Clairvius ergangen ist. Doch es gibt noch weitaus radikalere Ideen. Ein wissenschaftlicher Artikel über fünf Bedingungen, die mögliche Zombies erfüllen müssten, bringt die Neurogenese ins Spiel, also die Fähigkeit, über das Nachwachsen von Nervenzellen das Gehirn eines komatösen Traumapatienten zu retten. Dabei ist dieser Prozess auf motorische Funktionen und Urinstinkte bei dem betroffenen Menschen beschränkt, ohne jegliche emotionale Tiefe. ZOMBIES!!! Wir haben natürlich schon die Zombie-Nanobots in einem anderen Kapitel besprochen, das wäre die vierte Option. Und noch einmal: Einige Forscher sind der Meinung, dass sich zum Beispiel die Rinderwahn-Krankheit wie Zombiekrankheiten verhält. Könnte uns also unser Hund in Untote verwandeln? Wirkt dieser Wahn bei Tieren nicht wie ein Zombie-Phänomen?

Ich werde nicht versuchen, zu schummeln und die Definition eines Zombies auf alle ferngesteuerten Gehirne und Lebewesen auszuweiten, auch wenn es einen Grund gibt, weshalb der Begriff in der Popkultur inzwischen weit mehr bezeichnet als nur Untote. Ein erfolgreiches Buch des Neuromarketing-Experten Peter Steidl nennt uns »Zombie-Konsumenten«. Zweifelsohne gibt es nicht wenige unter uns, die die Meinung vertreten, dass wir heute bereits genau dazu geworden sind – eine hirntote, verdorbene Gesellschaft. Passenderweise ist das Wort »Smombie« (Smartphone + Zombie) in Deutschland 2015 zum Jugendwort des Jahres gekürt worden.

Zum Glück haben sich einige Menschen bereits Gedanken über die Risiken und die Wahrscheinlichkeit gemacht, eine Zombie-Apokalypse zu überleben. Eine vermutlich etwas augenzwinkernde Studie kommt zu dem Schluss, dass 273 Menschen den Zombie-Sturm überleben werden, da sie zurückgezogen auf einer Insel leben. Folglich wissen wir, dass Zombies und Zoonosen einiges gemeinsam haben, nämlich pandemie- und epidemieähnliche Ausbreitungsmuster, die auf einigen Grundannahmen über stille Überträger beruhen. (Auf leicht schaurige Art und Weise beschreibt der Artikel das moralische Dilemma, ob man ein Flugzeug abschießen sollte, sobald feststeht, dass es von Zombies heimgesucht ist. Langsame Zombies sind in einer abgeschlossenen Flugzeugkabine natürlich eher eine Gefahr.) Derartige Forschung ist wirklich inspirierend.

Damit bin ich bei einer weiterreichenden Geschichte angelangt, bei einer, die über Zombies hinausgeht und dieses Kapitel mit den 25 anderen dieses Buches verbindet. Sicher, Chaos und Zerstörung stehen uns bei all den 25 zuvor ausführlich betrachteten Risiken ins Haus. Doch zu meiner eigenen Überraschung muss ich gestehen, dass nur sehr wenige davon wirklich existenziell sind. Wir sind womöglich nicht auf jedes Risiko vorbereitet, doch prinzipiell haben wir die Mittel, um die Menschheit gegen fast alle von ihnen zu verteidigen. Mit enormen Kosten, sicher, enormem Leid, enormen Opfern, aber mit der Hoffnung auf das Überleben der Menschheit. Wenig deutet darauf hin, dass die Menschheit tatsächlich nur mit 273 Individuen auf einer Insel eine Zombie-Apokalypse wird überstehen müssen. Vielleicht bin ich ein Optimist, aber nach der Arbeit an diesem Buch bewundere ich die *condition humaine* mehr als je zuvor. Bedenkt man einerseits die uns zur Verfügung stehende ungeheure Macht, mit der wir unseren eigenen Untergang herbeiführen können, andererseits aber auch unseren Willen, nicht nur zu überleben, sondern auch nach Höherem zu streben, so müssten viele der Risiken aus diesem Buch wortwörtlich *erderschütternd* sein, um die Menschheit tatsächlich in Gefahr bringen zu können.

Die andere unheimliche und zugleich erhabene Erfahrung war die Erkenntnis, dass diese Schattenseiten der menschlichen Existenz tatsächlich überall lauern, und dass an allen etwas Wahres dran ist. Zombies sind ein wunderbares Beispiel dafür. Als ich das Konzept für dieses Buch dem Verlag vorstellte, hatte ich »Zoonotische Krankheiten (Pandemien)« für den Buchstaben Z vorgesehen, was relativ naheliegend sein dürfte, bis meine Lektorin mich überredete, etwas über Zombies zu schreiben. Widerwillig (sehr widerwillig!) begann ich, im Internet zu recherchieren. Fünf Stunden später saß ich gebannt über einem Artikel mit der Überschrift »Selbstmordgrillen«. Meine Lektorin ist ein Genie! Oder ich bin inzwischen selbst schon zu einem Zombie geworden. Muahahhahaa!

Mich hat das Schreiben dieses Buches persönlich mitgenommen, weil es darin zwar um »das Ende« geht, aber an diesem Ende und vor diesem Ende unendlich viel zu lernen und zu entdecken ist. Ich musste dauernd an Shakespeares unvergängliche Zeilen denken: »Es gibt mehr Ding' im Himmel und auf Erden / Als Eure Schulweisheit sich träumt«.

Man muss kein Wissenschaftler sein, um wertzuschätzen, dass wir in den Extremen, an den Rändern, im Existenziellen etwas über uns selbst lernen. Das ist unsere gelebte Erfahrung, und jede, die eine Nahtoderfahrung oder auch nur ein tiefes Trauma erlebt hat, kann das bestätigen. Ja, im Glücksfall haben wir in diesem Buch dazugelernt. Aber vielleicht haben wir auch ein ganz kleines bisschen über die Macht der uns umgebenden Natur gelernt, über die Macht, die wir aufeinander ausüben. Wir haben uns mit den tiefgehenden Fragen beschäftigt, mit denen viele dieser Risiken das Verständnis unserer eigenen Existenz herausfordern, und die letztlich zu der Frage führen, was es heißt, ein Mensch zu sein und kein untoter, unlebendiger Zombie.

In dieser Hinsicht könnte kein Kapitel passender sein als Coda für diese Geschichte, das kleine Buch der großen Risiken, als eben das über Zombies. Die großen Risiken bedrohen schließlich nicht nur die Menschen, sondern auch die Menschheit, die Zivilisation, unser Verständnis, was es heißt, ein Mensch zu sein, mit all seinen Fehlern. Sie bedrohen demzufolge nicht nur das *Leben*, sondern auch das *Zusammenleben*. Sie bedrohen auch das uns allen gegebene Versprechen eines Bogens der Geschichte, der zwar weit sein mag, um es mit den Worten von Martin Luther King Jr. zu sagen, aber auf die Gerechtigkeit zuläuft und nicht von ihr weg.

Wie in der Einleitung schon erwähnt, lässt sich kaum genug betonen, wie kurz unsere Existenz bislang währte. Die

Dinosaurier lebten mehrere Millionen Jahre auf dieser Erde, und wir haben höchstens ein paar 100 000 hinter uns. Zumindest theoretisch gibt es keinen Grund zur Annahme, das Ende sei nah, auch wenn der Glaube daran integraler Bestandteil der menschlichen Freizeitbeschäftigung ist.

Und doch: Obgleich unsere Menschengeschichte eher eine Kurzgeschichte ist, unsere Existenz noch jung, so leuchtet unsere Resilienz doch überall hell auf, sie überstrahlt die Angriffe der Natur, die technologischen Veränderungen und unsere Laster. Es ist diese Resilienz, die wir uns bewahren müssen. Die wir nicht aufgeben sollten. Ich kenne niemanden, der diese Idee so eindrücklich in Worte gefasst hat wie der britische Dichter Dylan Thomas: »Geh nicht gelassen in die gute Nacht / Wüte, wüte, gegen das Sterben des Lichts.«

Wenn unser Feuer verlöscht, wenn wir unsere Empathie, unsere Menschlichkeit verlieren, und auch den Willen, unsere Gesellschaft zu verteidigen, wenn wir nur noch leben, und nicht mehr zusammenleben, dann verlieren wir den Kampf. Aus diesem Grund hält mich kein Risiko nachts länger wach als die Aussicht auf Zombies. Denn wenn wir uns selbst verlieren, verlieren wir alles. Bis dahin wüten, wüten, wüten wir weiter gegen das Sterben des Lichts …

DANKSAGUNG

Mein Dank gilt meiner Frau, die mir durch ihre Unterstützung und Geduld das schönste »Hobby« der Welt ermöglicht – Bücher schreiben. Danke Otto und Kit, die es mit nur einem Lächeln schaffen, mich aus den Untiefen der Welt der Risiken zurückzuholen. Danke, Papa, für Kommentare, Ideen und Zeit, danke, Mama, für deine Kritik. Danke, Claus, für die wunderbaren Gespräche und deine Erwartung an mich, das bestmögliche Buch zu schreiben. Danke, Petra, für Rat und Tat. Danke, Tom Kraushaar und dem gesamten Klett-Cotta-Team, für das Vertrauen in meine Ideen und die Möglichkeit, sie umzusetzen. Danke, Marion Preuß, für vieles, aber natürlich zuvorderst für die Inspiration für den Buchstaben Z. Danke, Jörn Pinnow, für die wunderbare Übersetzung. Danke, Alex und Sophie, für das »Alphabet-Brainstorming« und die Ermahnung, beim Schreiben nicht den Humor zu verlieren. Und danke den Leserinnen und Leser meiner Bücher. Zum Beispiel Emre, der mich mit seiner Begeisterung für den *Kill-Score* daran erinnert hat, wieso ich Bücher schreibe.

LITERATURVERZEICHNIS

Vorbemerkung: Das Literaturverzeichnis umfasst Nachweise für direkt zitierte Fakten und Aussagen sowie auch Quellen, die als Hintergrundlektüre genutzt wurden. Das Verzeichnis folgt der Abfolge der Kapitel und gibt jeweils zu Beginn – wenn nötig – allgemeine Hinweise zu Forschungsarbeiten sowie dann einzelne Nachweise gemäß der Reihenfolge einschlägiger Passagen im Text. Alle Links wurden zuletzt am 31. Januar 2024 geprüft.

EINLEITUNG

Gábor L. Lövei, »Modern Examples of Extinction«. In: *Encyclopaedia of Biodiversity*, 2013

E. Groeneveld, »Woolly Mammoth«. In: *World History Encyclopaedia*, 2017

Moody's, »The Era of Exponential Risk«, 2023

A – ATOMBOMBE

WorldData, »Germany Energy Consumption«.

Emily Strasser, »The Weight of a Butterfly«. *Bulletin of the Atomic Scientists*, 2015

H. Kristensen u. a., »Status of World Nuclear Forces«. *Federation of American Scientists*, 2023

BrillantMaps, »The 4037 Cities In The World With Over 100,000 People«.

Atomic Heritage Foundation, »Tsar Bomba«, 2014

Krystina Foltynova u. a.., »Weapon Of Last Resort: How The Soviet Union Developed The World's Most Powerful Bomb«. *Radio Free Europe*, 2021

Alex Wellerstein, »NukeMap«. *Nuclear Secrecy Society*

MIT Nuclear Reactor Laboratory, »FAQ«

B – BEVÖLKERUNGSKOLLAPS

Darrell Bricker u. a., *Empty Planet. The Shock of Global Population Decline.* New York 2022

James Belich, *The World the Plague Made: The Black Death and the Rise of Europe.* Princeton 2022

Shanna H. Swan u. a., *Count Down: How Our Modern World Is Threatening Sperm Counts, Altering Male and Female Reproductive Development, and Imperiling the Future of the Human Race.* New York 2021

South China Morning Post, »China's population could halve within next 45 years, new study warns«, 01.10.2021

Emil Vollset Stein u. a., »Fertility, mortality, migration, and population scenarios for 195 countries and territories from 2017 to 2100: A forecasting analysis for the Global Burden of Disease Study«. *The Lancet* 396 (2020), S. 1285–1306.

Institute for Health Metrics and Evaluation, »Population Forecasting« (2023)

Robert Malthus, *Essay on the Principle of Population.* London 1798

Richard J. Wiltgen, »Marx's and Engels's Conception of Malthus: The Heritage of a Critique«. *Organization & Environment* 11(4) (1998), S. 451–460.

Dennis Meadows u. a., *The Limits to Growth: A report for the Club of Rome's Project on the Predicament of Mankind.* Dartmouth 1972

Paul Ehrlich, *The Population Bomb.* New York 1968

Sharon N. DeWitte, »Mortality Risk and Survival in the Aftermath of the Medieval Black Death«. *PLoS One* 9(5) (2014).

Declan Curran u. a., »Large-scale mortality shocks and the Great Irish Famine, 1845–1852«. *Econ Model* 27(5) (2010), S. 1302–1314.

Population Reference Bureau. »Russia's Demographic Decline Continues«. *Population Reference Bureau*, 2002

United Nations, Department of Economic and Social Affairs, Population Division, »World Population Prospects 2022: Summary of Results.« *UN DESA/POP/2022/TR/NO.* 3 (2022)

W. Lutz u. a., *Demographic and Human Capital Scenarios for the 21st Century: 2018 Assessment for 201 Countries.* Luxemburg 2018

Statistics Korea, »Birth Statistics in 2022«, 2022

Pulse, »Korea records largest-ever natural population decline«. *Pulse News*, 04.09.2023

Hagai Levine u. a., »Temporal trends in sperm count: a systematic review and meta-regression analysis of samples collected globally in the 20th and 21st centuries«. *Human Reproduction Update* 29(2) (2023), S. 157–176.

Elon Musk, »Tweet 26/08/2022«, https://twitter.com/elonmusk/status/1563020169160851456?lang=en.

Paris Marx, »Tech Won't Save Us Podcast«

C – CYBER-RISIKEN

Richard Clarke, *Cyber War: The Next Threat to National Security and What To Do About It.* New York 2012

Charles Arthur, *Cyber Wars: Hacks that Shocked the Business World.* London 2018

BBC Science Focus, »The Thought Experiment: What Would Happen if the Internet Suddenly Stopped Working«. *BBC Science Focus*

The Economist, »War in the Fifth Domain«. *The Economist*, 01.07.2010

Jakob Thomä, *Der Kill-Score: Auf den Spuren unseres ökologischen und sozialen Fußabdrucks.* Stuttgart 2022

AAG, »The Latest 2023 Cyber Crime Statistics«. *AAG-IT*, 01.12.2023

Jeremy Straub, »Defining, Evaluating, Preparing for and Responding to a Cyber Pearl Harbor«. *Technology in Society* 65 (2021).

ABC News, »22 Million Affected by OPM Hack, Officials Say«. *ABC News*, 09.07.2015

Piers Morgan Uncensored (2023) »Interview with Tristan Tate«, 25.11.2023

D – DU

Thomas Carlyle, *On Heroes: Hero-Worship, & the Heroic in History: Six Lectures.* London 1841, S. 1.

Nick Bostrom, *Die verwundbare Welt.* München 2020

Matthew Gault, »Prominent AI Philosopher and ›Father‹ of Longtermism Sent Very Racist Email to a 90s Philosophy Listserv«. *Vice*, 12.01.2023

Jakob Thomä, *Der Kill-Score: Auf den Spuren unseres ökologischen und sozialen Fußabdrucks.* Stuttgart 2022.

Alex Menrisky u.a., »Stemming the Creep of Ecofascism: A Primer«. *Environmental Politics Guest Post*, 14.12.2022

Tim Lau, »Predictive Policing Explained«. *Brennan Center for Justice*, 01.04.2020

Jana Winter, »Homeland Security bulletin warns 3D-printed guns may be ›impossible‹ to stop«. *Fox News*, 23.05.2013

E – EWIGES LEBEN UND GENMANIPULATION

Aubrey de Grey u.a., *Niemals alt! So lässt sich das Altern umkehren. Fortschritte der Verjüngungsforschung.* Bielefeld 2010

J.W.Vaupel u.a., »Demographic perspectives on the rise of longevity.« *Proc. Natl. Acad. Sci. U.S.A.* 118 (2021), e2019536118.

Jim Oeppen u.a., »Broken Limits to Life Expectancy«. *Science* 296(5570) (2002), S. 1029–1031.

Phil Newman, »Aubrey de Grey: Methusalerity by 2035 – and it'll be free«. *Longevity Technology*, 23.03.2021

SENS Research Foundation, »Statement from the SENS Research Foundation Board of Directors«, 22.08.2021

Liu Chuang u.a., »mRNA-based cancer therapeutics«. *Nature Reviews Cancer* 23 (2023), S. 526–543.

Huber Warner u.a., »Science fact and the SENS agenda«. *EMBO Rep.* 6(11) (2005), S. 1006–1008.

Arthur Caplan, »Death as an unnatural process«. *Embo Reports* 6 (2005), S. 72–75.

Tom Clarke, »The End of Ageing«. *Sky News Story*

S. Dehkordi u.a., »Profiling senescent cells in human brains reveals neurons with CDKN2D/p19 and tau neuropathology«. *Nature Ageing* 1 (2021), S. 1107–1116.

Jennifer Gill u.a., »Overcoming Cancer in the 21st Century«. *UCL School of Pharmacy*, 2015

Paris Marx, »The tragedy of Sam Bankman-Fried's plan to buy Nauru«. *Disconnect.* 02.08.2023

Larry Niven u.a., *Der Splitter im Auge Gottes.* München 2002

F – FAUNA- UND FLORA-KOLLAPS

Elizabeth Kolbert, *The Sixth Extinction: An Unnatural History.* New York 2015

Ami Vitale, »What I learned documenting the last male northern white rhino's death«. *National Geographic,* 10.2019

Thomas Page, »Horny and looking for love, world's last male northern white rhino joins Tinder«. *CNN News,* 26.04.2017

Rober Cowie u.a., »The Sixth Mass Extinction: fact, fiction, or speculation?« *Biol Rev Camb Philos Soc* 97(2) (2022), S. 640–663.

WWF, »The Living Planet 2018«

Kurt Tucholsky, *Gesammelte Werke, Band 4, 1925–1926.* Reinbek 1975, S. 190.

Zurich Insurance, »How does biodiversity impact food security«, 13.01.2023

IPBES, »Global assessment report on biodiversity and ecosystem services of the Intergovernmental Science-Policy Platform on Biodiversity and Ecosystem Services. *IPBES Secretariat,* 2019.

CO_2-Coalition, »Fact #3: First and foremost, CO_2 is plant food«

G – GEOENGINEERING

Gernot Wagner u.a., *Und wenn wir einfach die Sonne verdunkeln? Das riskante Spiel, mit Geoengineering die Klimakrise aufhalten zu wollen.* München 2023

Oliver Morton, *The Planet Remade: How Geoengineering Could Change the World.* London 2016

Alexander Koch u.a., »Earth system impacts of the European arrival and Great Dying in the Americas after 1492«. *Quaternary Science Reviews* 207 (2019), S. 13–36.

Weizmann Institute of Science. »Global warming: ›Cooling‹ forests can heat too.« *ScienceDaily,* 25.01.2010

Hands of Mother Earth, »Hands of Mother Earth! Manifesto Against Geo-engineering«.

Simon Kraus, »Measuring the Earth's albedo with simple instruments«. *Eur. J. Phys.* 42 (2021), S. 1–20.

Zeke Hausfather, »I Study Climate Change. The Data Is Telling Us Something New«. *NY Times Guest Essay*, 13.10.2023

Meijie Chen u.a., »Passive daytime radiative cooling: Fundamentals, material designs, and applications«. *EcoMat* 4(1) (2022), S. 1–28.

Our World in Data, »Land Use«

Kaixin Lin u.a., »Nanoparticle-polymer hybrid dual-layer coating with broadband solar reflection for high-performance daytime passive radiative cooling«. *Energy and Buildings* 276(1) (2022)

»America's defence department is looking for rogue geoengineers«. *The Economist,* 02.11.2022

H – HITZE UND KLIMAWANDEL

Jakob Thomä, *Der Kill-Score: Auf den Spuren unseres ökologischen und sozialen Fußabdrucks.* Stuttgart 2022

Institute for Economics & Peace, »Ecological Threat Register«

Andrew Dessler, »How extreme heat kills you«. *The Climate Brink*, 18.05.2023

Alan Buis, »Too Hot to Handle: How Climate Change May Make Some Places Too Hot to Live«. *Ask NASA Climate*, 09.03.2022

Colin Raymond u.a., »The emergence of heat and humidity too severe for human tolerance«. *Science Advances* 6(19) (2020)

Jocelyn Timperley, »Why you need to worry about the ›wet-bulb temperature‹. *The Observer*, 31.07.2022

Kamal Thiagaranja, »India Isn't Ready for a Deadly Combination of Heat and Humidity«. *Wired.com*, 09.06.2022

UNEP, »Emissions Gap Report 2023: Broken Record«

Inevitable Policy Response, »Forecast Policy Scenario 2023«

I – INTERPLANETARE KORONALE MASSENEJEKTION (SONNENERUPTION)

Richard Steele, *Solar Flares: Exploring the Storms of the Sun.* 2023

Whitley Strieber, *Solar Flares: What you Need to Know.* New York 2012

NASA, »Near Miss: The Solar Superstorm of 2012«. *NASA Science Editorial Team*, 22.07.2014

Lloyd's, »Solar Storm Risk to the North American Electric Grid«. 2013

Tony Phillips, »The Great Québec Blackout«. *Space Weather Archive*, 12.03.2021

James Green u.a., »Duration and extent of the great auroral storm of 1859«. *Adv Space Res.* 38(2) (2006), S. 130–135.

John Kemp, »Time to be afraid – preparing for the next big solar storm«. *Reuters Commentary*, 25.07.2014

National Academies, »Severe Space Weather Events: Understanding Societal and Economic Impacts: A Workshop Report«, 2008

Talib Mohammad u.a., »Global Failure of ICT due to Solar Storm: A Worst Case Scenario Ahead«. *Procedia Environmental Sciences* 8 (2011), S. 371–374.

Brandon Specktor, »Could a solar storm ever destroy Earth?«. *Live Science*, 15.09.2022

J – JÜNGSTES GERICHT

Billy Graham, »Answers«, 28.11.2011

Milan Kundera, *Die unerträgliche Leichtigkeit des Seins.* München 2004

Barbara Freyer Stowasser, »The End is Near: Minor and Major Signs of the Hour in Islamic Texts and Contexts«, 2004

Victoria Woollaston-Weber, »A Big Freeze, Rip or Crunch: how will the Universe end?«. *Wired.com*, 10.10.2016

Global Buddhist Door, »Dharma Ending Age«. *Buddhism Dictionary*

K – KÜNSTLICHE INTELLIGENZ

Isaac Asimov, *I, Robot.* New York City 1950

Kai-Fu Lee u.a., *KI 2041: Zehn Zukunftsvisionen.* Frankfurt a.M. 2022.

James Barrat, *Our Final Invention: Artificial Intelligence and the End of the Human Era.* London 2023

Mark Ring u.a., »Delusion, Survival, and Intelligent Agents«. *AGI* (2011), S. 11–20.

Jolene Creighton, »The Unavoidable Problem of Self-Improvement in AI: An Interview with Ramana Kumar, Part 1.« *Future of Life Institute*, 19.03.2019

Michele Piccione u.a., »Equilibrium in the Jungle«. *Economic Journal* 117 (522) (2007), S. 883–896.

Channarong Intahchomphoo, »Artificial Intelligence and Race: a Systematic Review«. *Legal Information Management* 20(2) (2020), S. 74–84.

Pawel Sysiak, »When will the first machine become super intelligent?«. *AI Revolution*, 11.04.2016

L – LABOR (KRANKHEITEN AUS DEM)

Philip Kohlhöfer, *Pandemien: Wie Viren die Welt verändern.* Berlin 2021

Michael Hobbes u.a., »Lab Leak Theory«. *If Books Could Kill Podcast*, 2023

Leander Beil, »Wie können wir die Ausbreitung von Viren eindämmen?«. *ARD-Alpha*, 29.08.2023

Saloni Guptat u.a., »Did Climate Change Influence the Emergence, Transmission, and Expression of the COVID-19 Pandemic?«. *Sec. Infectious Diseases: Pathogenesis and Therapy* 8 (2021)

Rowan Jacobsen, »›We never created a supervirus.‹ Ralph Baric explains gain-of-function research.« *MIT Technology Review*, 26.07.2021

M – MATRIX

Elise Favis, »How the Sims navigated 20 years of change to become of the most successful franchise ever«. *The Washington Post*, 04.02.2020

Joshua Rathman, »What are the odds we are living in a computer simulation«. *The New Yorker*, 09.06.2016

Rich McCormick, »Odds are we're living in a computer simulation, says Elon Musk«. *The Verge*, 02.06.2016

Julian Huxley, *Essays in Popular Science*. London 1926, S. 9.

UNESCO, »Julian Sorell Huxley, First Director-General of UNESCO«

N – NANOTECHNOLOGIE

Eric Drexler, *Radical Abundance: How a Revolution in Nanotechnology Will Change Civilization.* New York 2013

Peter Allen, »Drexler, Smalley and the debate over Nano 3Dprinting«. *Youtube* https://www.youtube.com/watch?v=hmXsGYUxt48

Chemical & Engineering News, »Nanotechnology: Drexler and Smalley make the case for and against ›molecular assemblers‹«. *Chemical & Engineering News*, 01.12.2003

Florian Kreuchauff u.a., »Nanotechnology as general purpose technology«. *Karlsruher Institut für Technologie (KIT) Working paper series in economics 53* (2014)

Roberto Hormigos, »Nanostructured Hybrid BioBots for Beer Brewing«. *ACS Nano Vol.* 17(8) (2023), S. 7595–7603.

Karmela Padavic-Callaghan, »Tiny yeast-filled robots help brew beer quickly and more efficiently«. *NewScientist*, 26.04.2023

Julian Guigault u.a., »Nanoplastics are neither microplastics nor engineered nanoparticles«. *Nature Nanotechnology* 16 (2021). S. 501–507.

Chandra Kishore u.a., »Targeting Brain Cancer Cells by Nanorobot, a Promising Nanovehicle: New Challenges and Future Perspectives«. *CNS Neurol Disord Drug Targets* 20(6) (2021), S. 531–539.

Scholarly Community Encyclopedia, »Nanotechnology in Warfare« (2023)

O – OZEANSTRÖMUNGEN

Damian Carrington, »Gulf Stream could collapse as early as 2025, study suggests«. *The Guardian*, 25.07.2023

Feng He u.a., »Freshwater forcing of the Atlantic Meridional Overturning Circulation revisited«. *Nature Climate Change* 12. (2022), S. 449–454.

Peter Ditlevsen u.a., »Warning of a forthcoming collapse of the Atlantic meridional overturning circulation« *Nature Communications 14* (2022), Artikelnr. 4254.

U.S. National Ocean Service, »What is the Atlantic Meridional Overturning Circulation (AMOC)?« (2023)

Bryam Orihuela-Pinto, »Interbasin and interhemispheric impacts of a collapsed Atlantic Overturning Circulation«. *Nature Climate Change*, 06.2022

L.C. Jackson et al, »Global and European climate impacts of a slowdown of the AMOC in a high resolution GCM«. *Clim Dym* 45 (2015), S. 3299–3316.

Summer Praetorius u.a., »Did synchronized ocean warming in the North Pacific and North Atlantic trigger a deglacial tipping point in the Northern Hemisphere?«. *Past Global Changes Magazine* 24(1) (2016), S. 10–11.

»Will the Gulf Stream save Europe from climate change?«. *Bon Pote Online*, 03.07.2022

Science Media Centre, »Expert reaction to study looking at early-warning signals for a collapse of the Atlantic Meridional Overturning Circulation«. *Science Media Centre*, 06.08.2021

M. Latif u.a., »Natural variability dominates Atlantic meridional overturning since 1900. *Nature Climate Change* 12 (2022), S. 455–460.

Seaver Wang, »There is no Climate Tipping Point«. *Breakthrough Journal 19* (2023)

P – PLANETOIDENEINSCHLAG (ASTEROIDEN)

Don Kaye, »The Real Science Behind Don't Look Up: Could It Happen?«. *Den of Geeks*, 24.12.2021

Cem Berk Senel u.a., »Chicxulub impact winter sustained by fine silicate dust«. *Nature Geoscience* 16 (2023), S. 1033–1040.

John Milton, »Il Penseroso«. *PoetryFoundation.org*

Nadia Prodbegar, »Reste eines Protoplaneten im Erdmantel?« *Scinexx.de*, 06.04.2021

Stephanie Pappas, »5,200 tons of extraterrestrial dust fall on Earth each year«. *LiveScience*, 12.04.2021

NASA, »Planetary Defense«. *Science.nasa.gov*, 2023

Tricia Talbert, »Near Earth Asteroids as of April 2023«. *NASA.gov*, 2023

Tricia Talbert, »Near Earth Asteroids as of August 2023«. *NASA.gov*, 2023

CNEOS, »Torino Impact Hazard Scale«. *cneos.jpl.nasa.gov*, 2023

Marshall Brain u.a., »What If an Asteroid Hit Earth?«. *Howstuffworks.com*, 09.12.2022

Sean Gulick u.a., »The first day of the Cenozoic«. *PNAS Vol.* 16(39) (2019), S. 19342–19351.

DART. »Home«, 2023

Manfred Gaida, »Vor zehn Jahren: der Meteoritenfall von Tscheljabinsk«. *DLR Blog*, 14.02.2023

Q – QUANTENCOMPUTER

Robert S. Sutor, *Dancing with Qubits: How quantum computing works and how it can change the world.* Birmingham 2018

Craig B. Bauer, *Secret History: The Story of Cryptology.* London 2013

S. L. N. Hermans u.a., »Qubit teleportation between non-neighbouring nodes in a quantum network«. *Nature* 605 (2022), S. 663–668.

Matt Swayne, »China's Photonic JiuZhang Series Sets (Yet Another) Speed Record«. *QuantumInsider*, 12.10.2023

Lieve van Woensel u.a., »What if Computers were trillions of times faster?«. *European Parliamentary Research Service, Scientific Foresight Unit*, 12.01.2017

Frank Arute et al, »Quantum supremacy using a programmable superconducting processor«. *Nature* 574 (2010) S. 505–510.

Sean Lawlor u.a., »Deploying key transparency at WhatsApp«. *Engineering at Meta*, 13.04.2023

Craig Gidney u.a., »How to factor 2048 bit RSA integers in 8 hours using 20 million noisy qubits«. *Quantum 5* (2021)

Craig None, »Are harvest now, decrypt later cyberattacks actually happening?« *TechMonitor*, 30.10.2023

Edward Paker, »When a Quantum Computer Is Able to Break Our Encryption, It Won't Be a Secret«. *RAND Blog Commentary*, 13.09.2023

Emily Conover, »Quantum computers could break the internet. Here's how to save it«. *ScienceNews*, 28.06.2023

Forbes Technology Council, »13 Risks That Come With The Growing Power Of Quantum Computing«. *Forbes Council Post*, 08.11.2023

Vivek Wadhwa u.a., »Why Quantum Computing Is Even More Dangerous Than Artificial Intelligence«. *Foreign Policy*, 21.08.2022

Resonance, »Quantum Ethics: A Call to Action«, https://www.youtube.com/watch?v=5qc7gpabEhQ

R – (ANTIBIOTIKA-)RESISTENZEN

William Roen, *Miracle Cure: The Creation of Antibiotics and the Birth of Modern Medicine*. New York 2017

Brenda Wilson u.a., *Revenge of the Microbes: How Bacterial Resistance is Undermining the Antibiotic Miracle*. Materials Park 2023

Bowhouse, »Can some antibiotics make me more sensitive to the sun?«. *Antibiotic Research UK*, 21.07.2021

Matthew Hutchings u.a., »Antibiotics: past, present and future«. *Current Opinion in Microbiology* 51 (2019), S.72–80.

Antimicrobial Resistance Collaborators, »Global burden of bacterial antimicrobial resistance« in 2019: a systematic analysis«. *The Lancet* 399(10 325) (2022), S.629–655.

Giannamaria Annunziato, »Strategies to Overcome Antimicrobial Resistance (AMR) Making Use of Non-Essential Target Inhibitors: A Review«. *Int J Mol Sci.* 20(23) (2019)

Vanmathy Kasimanickam et al, »Antibiotics Use in Food Animal Production: Escalation of Antimicrobial Resistance: Where Are We Now in Combating AMR?«. *Med Sci (Basel)* 9(1) (2021)

S – SCHWARZES LOCH

Heino Falcke, *Licht im Dunkeln: Schwarze Löcher, das Universum und Wir*. Stuttgart 2020

Ethan Siegel, »What will happen when a black hole hits Earth?«. *Big Think*, 22.02.2022

Sandra McLean, »Will Earth be swallowed up by a black hole?«. *News at York*, 28.06.2021

Laura Beigel, »Am Ort ohne Wiederkehr: Wie gefährlich sind Schwarze Löcher?« *Redaktionsnetzwerk Deutschland*, 20.05.2022

T – TOTALITÄRER STAAT

Hannah Arendt, *Elemente und Ursprünge totalitärer Herrschaft*. München 1986

Hansgeorg Schmidt-Bergmann, *Futurismus: Geschichte, Ästhetik, Dokumente*. Reinbek 2009

Francis Fukuyama, *The End of History and the Last Man*. New York 1992

Sam Moore u.a., *The Rise of Ecofascism: Climate Change and the Far Right*. Cambridge 2022

BBC Radio 4, »The Immortals Ep. 6: Longevity Escape Velocity.« *BBC Podcast Million Dollar Lover*, 2023

U – UFOS

Milan M.Cirkovic, *The Great Silence: The Science and Philosophy of Fermi's Paradox*. New York 2018

Jakob Thomä u.a., »Stress-testing an Alien Invasion«. *Theia Finance Labs Working Paper*, 2017

Tim Urban, »The Fermi Paradox«. *Waitbutwhy.com*, 21.05.2014

A.R.Martin, »The Origin of the Fermi Paradox«. *Journal of the British Interplanetary Society* 71 (2018), S.200–206.

Milan M.Cirkovic et al, »Astrobiological phase transition: towards resolution of Fermi's paradox«. *Orig Life Evol Biosph* 38(6) (2008), S.535–547.

Seth Baum u.a., »Would contact with extraterrestrials benefit or harm humanity? A scenario analysis«. *Acta Astronautica* 68(11–12) (2011), S.2114–2129.

Meti, »Mission«. *meti.org.*, 2023

David Brin, »METI: Should we be shouting at the cosmos?«. *Science 2.0.*, 13.06.2013

»Iknowstuff Post«, *Thread: Alien intervention in US election- I blame the Klingons. abovetopsecret.com*

V – (SUPER-)VULKANE

Clive Oppenheimer, *Mountains of Fire: The Secret Lives of Volcanoes*. London 2023

Greg Breining, *Super Volcano: The Ticking Time Bomb Beneath Yellowstone Park*. McGregor 2007

Tia Ghose, »The 12 biggest volcanic eruptions in recorded history«. *LiveScience*, 10.06.2023

Robert Evans, »Blast from the Past«. *Smithsonian Magazine*, 07.2022

»Prognosen«, *vulkane.net*, 2023

Jiamei Lin u.a., »Magnitude, frequency and climate forcing of global volcanism during the last glacial period as seen in Greenland and Antarctic ice cores (60–9 ka)«. *Clim Past* 18, (2022), S. 485–506.

Michael Cassidy u.a., »Huge volcanic eruptions: time to prepare«. *Nature Comment*, 17.08.2022

Todd Humphreys, »GPS Spoofing and the Financial Sector«

Chris Newhall, »Anticipating future Volcanic Explosivity Index (VEI) 7 eruptions and their chilling impacts«. *Geosphere* 14(2) (2018). S. 572–603.

Lara Mani, »Global catastrophic risk from lower magnitude volcanic eruptions«. *Nature Communications* 12 (2021)

Cambridge Centre for Risk Studies, »Impacts of Severe Natural Catastrophes on Financial Markets«. *Centre for Risk Studies* (2018)

M. R. Schoeberl u.a., »The Estimated Climate Impact of the Hunga Tonga-Hunga Ha'apai Eruption Plume«. *Geophysical Research Letters* 50(18) (2023)

Claudia Timmreck, »Climate response to the Toba super-eruption: Regional changes«. *Quaternary International* 258(1) (2012), S. 30–44.

W – (MASSENVERNICHTUNGS-)WAFFEN

Robert Hutchinson, *Weapons of Mass Destruction: The No-Nonsense Guide to Nuclear, Chemical and Biological Weapons Today*. London 2003

John P. Caves Jr. u.a., *The Future of Weapons of Mass Destruction: An Update*. Washington D.C. 2021

P. D. Smith, *Doomsday Men: The Real Dr. Strangelove and the Dream of the Superweapon*. New York 2007

Sarah Everts, »The Nazi origins of deadly nerve gases«. *Chemical & Engineering News* 94(41) (2016)

Siro Igino Trevisanato, »The ›Hittite plague‹, an epidemic of tularemia and the first record of biological warfare«. *Med Hypotheses* 69(6) (2007)

Mark Wheelis, »Biological Warfare at the 1346 Siege of Caffa«. *Emerg Infect Dis.* 8(9) (2002), S. 971–975.

Elizabeth Fenn, *Pox Americana: The Great Smallpox Epidemic of 1775–82*. New York 2002

X – X-FAKTOR

Amit Goswami, *The Self-Aware Universe: How Consciousness Creates the Material World*. New York 1995

Y – Y-CHROMOSOM

Shanna H. Swan u. a., *Count Down: How Our Modern World Is Threatening Sperm Counts, Altering Male and Female Reproductive Development, and Imperiling the Future of the Human Race.* New York 2021

Bryan Sykes, *Adam's Curse: A Future without Men.* New York 2005

Eliezer Yudkowsky, »Evolving to Extinction«. *Lesswrong.com*, 16.11.2007

Jennifer Graves, »The descent of man«. *Nature* 427(199) (2004)

Jennifer Graves, »The Y Chromosome Is Slowly Vanishing. A New Sex Gene Could Be The Future of Men«. *ScienceAlert*, 06.12.2022

Miho Terao u. a., »Turnover of mammal sex chromosomes in the Sry-deficient Amami spiny rat is due to male-specific upregulation of Sox9«. *PNAS* 119(49) (2022), S. 1–7.

Frédéric Veyrunes u. a., »Bird-like sex chromosomes of platypus imply recent origin of mammal sex chromosomes«. *Genome Res.* 18(6) (2008), S. 965–973.

Matt Walsh, »How Porn is Neutering a Generation of Men«. *The Matt Walsh Show*, 30.05.2023

Jennifer Viegas, »Sometimes, evolution comes with negative side effects«. *Genetic Literacy Project*, 03.02.2015

Hagai Levine u. a., »Temporal trends in sperm count: a systematic review and meta-regression analysis of samples collected globally in the 20th and 21st centuries«. *Human Reproduction Update* 29(2) (2023), S. 157–176.

Niels Jorgensen u. a., »Are worldwide sperm counts declining?«. *Fertile Battle* 116(6) (2021), S. 1457–1463.

Karl Gruber, »We are still evolving«. *Phys.org*, 29.05.2018

NPR Staff, »Our Brains Are Shrinking. Are We Getting Dumber?«. *NPR.org*, 02.01.2011

Z – ZOMBIES

ZDF, »Mythos: Zombies / Die größten Rätsel der Geschichte«. *ZDFinfo Doku*, 05.06.2023

Mary Bates, »Meet 5 ›zombie‹ parasites that mind-control their hosts.« *National Geographic*, 24.10.2018

Scott Dutfield, »Zombie animals: 10 real-life cases of body-snatching«. *LiveScience*, 19.06.2023

Zombiepedia, »Differences Between Surviving Fast and Slow Zombies«, 2023

Embracing Nutrition, »Do Gut Bacteria Control Your Brain?«, 2023

Gino del Guercio, »The Secret's of Haiti's Living Dead«. *Harvard Magazine* (1986), S. 31–37.

Stephanie Pappas, »Zombies would wipe out humans in less than 100 days«. *LiveScience,* 06.01.2017

Tara Smith, »Zombie infections: epidemiology, treatment, and prevention«. *BMJ 351* (2015)

Centers for Disease Control and Prevention (U.S.). Office of Public Health Preparedness and Response, »Preparedness 101: Zombie Pandemic«, 2011.

Dylan Thomas, »Do Not Go Gentle Into That Good Night«. *Poets.org*